CONSTRUIRE DES CABANES D'OISEAUX

Couverture

- Conception graphique:
  KATHERINE SAPON
- Illustrations:
  ANNIK LAFRENIÈRE

Maquette intérieure

- Conception graphique:
  JEAN-GUY FOURNIER
- Illustrations des plans:
  ÉRIC BÉRUBÉ
- Illustrations supplémentaires:
  ANDRÉ LALIBERTÉ
- Vérification des plans pour *Rénovation Bricolage*:
  FLORENCE AVRIL

Équipe de révision

Daniel Ariey-Jouglard, Jean Bernier, Monique Herbeuval,
Patricia Juste, Jean-Pierre Leroux, Odette Lord,
Linda Nantel, Paule Noyart, Jacqueline Vandycke

DISTRIBUTEURS EXCLUSIFS:

- Pour le Canada et les États-Unis:
  LES MESSAGERIES ADP*
  955, rue Amherst, Montréal H2L 3K4
  Tél.: (514) 523-1182
  Télécopieur: (514) 521-4434
  * Filiale de Sogides Ltée

- Pour la Belgique et le Luxembourg:
  PRESSES DE BELGIQUE S.A.
  Boulevard de l'Europe 117
  8-1301 Wavre
  Tél.: (10) 41-59-66
         (10) 41-78-50
  Télécopieur: (10) 41-20-24

- Pour la Suisse:
  TRANSAT S.A.
  Route du Grand-Lancy, 2, C.P. 125, 1211 Genève 26
  Tél.: (41-22) 42-77-40
  Télécopieur: (41-22) 43-46-46

- Pour la France et les autres pays:
  INTER FORUM
  13, rue de la Glacière, 75624 Paris Cédex 13
  Tél.: (33.1) 43.37.11.80
  Télécopieur: (33.1) 43.31.88.15
  Télex: 250055 Forum Paris

**UN LIVRE
SPÉCIALEMENT CONÇU
POUR LES OISEAUX
DU QUÉBEC**

André Dion, ornithologue

CONSTRUIRE DES CABANES D'OISEAUX

Des dizaines de modèles faciles à réaliser
Conception technique des plans: Éric Bérubé

Les plans contenus dans ce livre ont reçu l'approbation du magazine *Rénovation Bricolage*.

LES ÉDITIONS DE L'HOMME *

CANADA: 955, rue Amherst, Montréal H2L 3K4

*Division de Sogides Ltée

Données de catalogage avant publication (Canada)

Dion, André P., 1921–

   Construire des cabanes d'oiseaux

   Bibliogr.:

   2-7619-0574-1

   1. Nichoirs d'oiseaux. I. Bérubé, Eric. II. Titre.

QL676.5.D56 1986   690'.89   C86-096097-8

© 1986 LES ÉDITIONS DE L'HOMME,
DIVISION DE SOGIDES LTÉE

Bibliothèque nationale du Québec
Dépôt légal — 1er trimestre 1986

ISBN 2-7619-0574-1

À France, qui, pendant que nous écrivions ce livre, posait un geste qui le prolongeait en fondant la SAMBEA, la Société des amis du merle bleu de l'Est de l'Amérique.

Les auteurs

André Dion est né en 1921. À quatorze ans, il se découvre une passion pour les oiseaux grâce à Benoît, son chef scout. Cet amour des oiseaux grandira avec lui. En 1979, il quitte la ville, s'établit à la campagne et décide de se consacrer à plein temps à l'étude des moeurs des oiseaux. Depuis, il partage son temps entre l'écriture de ses livres, où il met à profit ses talents de vulgarisateur, et la surveillance attentive de sa propriété dont il a fait un véritable sanctuaire d'oiseaux. Il a écrit *Construire des cabanes d'oiseaux* dans le but de venir en aide à certaines belles espèces menacées. Il espère les protéger en révélant à tous les amoureux de la nature les secrets de la construction de nichoirs appropriés.

Éric Bérubé est originaire de Québec. Il possède une formation en design industriel qu'il a parfaite au cours d'un stage de six mois en Europe. Ses dons de bricoleur et de "patenteux" ont trouvé leur expression dans les plans qu'il a conçus pour cet ouvrage.

Avant-propos

La trentaine de plans que renferme ce livre promet au bricoleur des heures et des heures d'un labeur agréable.

Mais, lorsqu'il s'agit de créer une demeure qui sera adoptée par une famille d'oiseaux, le bricolage s'enrichit d'une dimension bien particulière. Une maison d'oiseaux constitue un excellent moyen de se rapprocher de la nature et de se sensibiliser à ses mystères. Une fois que celle-ci aura pris place dans notre jardin, elle continuera, année après année, à nous prodiguer un plaisir toujours nouveau.

Pour que cela se produise, il est important de se comporter en bâtisseurs prévoyants et de bien se renseigner au sujet des futurs hôtes de nos nichoirs, afin de les adapter aux caractéristiques et aux besoins de chacune des espèces d'oiseaux.

Trop souvent, l'on accorde une importance exagérée à l'apparence lorsque l'on construit un nichoir. On bâtit un castel moyenâgeux hérissé de pignons ou une réplique miniature d'une charmante demeure victorienne qui viennent enjoliver le jardin. Mais il faut se rappeler qu'un nichoir n'est pas une résidence humaine ramenée à l'échelle des oiseaux. Ces luxueux palaces sont trop grands ou trop petits pour plaire aux espèces que nous aimerions y voir nicher, l'ouverture n'a pas la bonne dimension, l'égouttement et la ventilation ne sont pas adéquats. Et ces demeures ont parfois l'effet contraire de celui auquel on les destinait: elles ne trouvent pas preneurs ou bien offrent asile à des espèces indésirables.

Nous nous sommes donc efforcés, au fil de ces pages, de vous fournir toutes les données d'ordre ornithologique qui vous permettront de bâtir des logis adaptés à votre clientèle potentielle et qui jouissent ainsi d'un maximum de chances d'être adoptés par une famille d'oiseaux.

Nous nous en sommes tenus aux espèces pour lesquelles vous pouvez entretenir un espoir raisonnable de les héberger avec succès, c'est-à-dire l'hirondelle pourprée et l'hirondelle bicolore, auxquelles nous avons consacré un chapitre chacune, le merle bleu, qui revient nous visiter après des décennies d'absence, les bruants chanteurs, les sittelles, les pics mineurs, les mésanges, les troglodytes, les moucherolles phébis, les merles d'Amérique et les canards branchus.

Nous parlerons aussi des baignoires qu'affectionnent tous les oiseaux qui habitent le voisinage de nos maisons par temps chaud, des mangeoires destinées à ceux (comme les mésanges) qui restent avec nous durant l'hiver et des dortoirs qui leur permettront de s'abriter des rigueurs du froid. Nous vous offrons aussi un modèle de cabane pour les chauves-souris et, enfin, les plans d'un piège pour les moineaux et les sansonnets (ou étourneaux).

Pourquoi un piège? demanderez-vous. Nous touchons ici un des problèmes les plus délicats que puisse rencontrer un propriétaire de nichoirs. En effet, les représentants de ces deux espèces ne sont pas des autochtones, mais les descendants de spécimens importés d'Europe. Ayant bénéficié d'un environnement favorable à leur développement, ils se sont multipliés au point de devenir une menace pour les espèces locales. Leur présence est intimement liée à celle de l'homme, et leur comportement diffère radicalement de celui des espèces dont le chant emplit nos forêts. Ils ont tous deux la fâcheuse habitude de chasser à coups de bec toutes les autres espèces qui voudraient partager leur territoire. Rien ne les arrête dans leurs entreprises belliqueuses, et ils pillent systématiquement tous les nids des autres espèces, même quand ce n'est pas pour les occuper à la place des propriétaires légitimes. Heureusement, il est possible, en modifiant la forme du nichoir, de mettre un frein aux ravages causés par ces deux oiseaux. Vous trouverez plus loin des conseils qui vous permettront, nous l'espérons, de contrôler les populations de moineaux et de sansonnets autour de votre maison.

À l'invasion de ces deux espèces s'ajoute un autre facteur qui a éloigné un grand nombre d'oiseaux magnifiques des régions peuplées du Québec. Il s'agit du changement de physionomie qu'ont subi les régions rurales avec le temps. Les piquets de cèdre des clôtures traditionnelles et les troncs d'arbres morts encore debout fournissaient d'innombrables nichoirs aux pics ou aux merles bleus, mais ils ont complètement disparu de nos campagnes. L'utilisation massive d'insecticides a aussi éloigné grand nombre d'oiseaux qui avaient l'habitude de nicher dans les vergers. Ne trouvant plus d'endroit pour y construire leurs demeures, ils ont presque complètement disparu de nos campagnes.

Le cas le plus dramatique est peut-être celui du merle bleu à poitrine rouge. Cela faisait plus de cinquante ans que ce grand migrateur ne s'arrêtait plus chez nous, allant chercher sous d'autres latitudes un territoire plus accueillant.

Un jour, nous avons entendu parler d'une expérience tentée aux États-Unis au cours de laquelle un ornithologue émérite avait réussi à faire revenir les merles bleus dans une région d'où ils avaient disparu depuis des générations. Le coeur battant d'espoir, nous avons fabriqué notre propre piste d'oiseaux bleus. Les mots ne suffisent pas à décrire notre joie au moment où nous vîmes nos efforts couronnés de succès, et qu'une première famille de merles bleus vint habiter un de nos nichoirs.

C'est cette expérience que j'ai racontée dans mon ouvrage précédent, *Le Retour de l'oiseau bleu*. J'avais alors pour but de galvaniser les énergies de tous ceux qui pourraient sauver cette espèce en voie de disparition. Et c'est ce même message que je veux reprendre dans le présent ouvrage. Il est grand temps que nous fassions tout en notre pouvoir pour éloigner de cet oiseau magnifique le destin funeste qui sera le sien si nous ne nous montrons pas plus accueillant envers lui.

Le merle bleu n'est pas la seule espèce qui ait besoin de notre aide. Il y a aussi l'hirondelle bicolore et l'hirondelle pourprée en milieu urbain, les troglodytes, les sittelles, les mésanges, les pics et les canards branchus dans les endroits de villégiature.

Cet ouvrage vous offre donc l'occasion de passer des heures merveilleuses à fabriquer des petites maisons destinées aux voisins les plus charmants qui soient. Ce faisant, vous contribuerez à sauver de l'extinction de nombreuses espèces d'oiseaux qui font partie de l'héritage écologique que nous avons la responsabilité de transmettre aux générations futures.

Note du concepteur technique

Ce livre contient des plans de bricolage qui montrent, étape par étape, comment confectionner les résidences d'oiseaux proposées.

À l'aide des nombreux dessins et du texte qui les accompagne, j'ai voulu donner une approche différente au bricolage. Vous remarquerez que, pour la plupart des modèles, j'ai accordé la priorité aux illustrations.

Après avoir choisi un modèle, il est très important de bien étudier les dessins et de lire, plusieurs fois s'il le faut, tous les textes qui les accompagnent.

La majorité des résidences sont fabriquées de contreplaqué. Ce matériau comporte des avantages et des désavantages. Il ne résiste pas longtemps aux intempéries; il gonfle et se détériore. Vous pouvez, par conséquent, appliquer plusieurs couches d'un bon revêtement (par exemple du vernis, de la peinture à l'huile, un fini plastique, etc.)*

Les raisons pour lesquelles j'ai choisi ce bois sont très simples. On le trouve en feuille de 4 x 8 pi et il n'y a aucune perte ou presque. Vous pouvez donc fabriquer de grandes pièces sans avoir de joint: idéal pour les résidences à logis multiples.

En résumé, c'est l'étape de la finition qui déterminera la longévité de votre travail.

Certains modèles utilisent le *coroplast*. C'est un genre de carton ondulé fait de plastique. Les ateliers de sérigraphie l'utilisent beaucoup et les courtiers en immeuble s'en servent pour annoncer les maisons à vendre. Ce plastique est très résistant, léger, se plie facilement et est peu coûteux. Vous devrez vous servir d'une lame x-acto pour le couper facilement.

---

* Le contreplaqué B.C.Fir de Colombie est traité et résiste plus longtemps.

Vous pourrez vous procurer ce matériau aisément en vous référant aux pages jaunes de votre localité sous la rubrique "Plastique — tiges, tubes, feuilles — fournitures".

Pour tous les plans, il est possible de remplacer les pièces en aluminium, en plastique ou en coroplast par du contreplaqué. Ne jamais utiliser de tôle galvanisée.

Si vous désirez réaliser des nichoirs rustiques qui s'intègrent mieux à l'environnement naturel, remplacez le contreplaqué par des écorces (ou dosses).

Pour ce faire, arrêtez-vous au premier clos de bois ou à la première scierie artisanale que vous croiserez. Ces résidus de bois de sciage sont vendus à vil prix aux cultivateurs qui s'en servent pour alimenter le feu dans les cabanes à sucre. Pour quelques dollars, on vous en laissera en entasser autant que pourra en contenir le coffre arrière de votre auto. En les choisissant bien, c'est-à-dire de la bonne épaisseur et de la bonne largeur selon le morceau du nichoir que vous voulez fabriquer, vous éviterez beaucoup de perte.

Dans un carton épais, solide, découpez-vous un patron ou un modèle de chaque pièce à tailler.

Remarques

Coût de fabrication: Le prix des matériaux fluctue tellement qu'une évaluation ne serait qu'approximative.

Finition: On utilise à peu près toujours les mêmes revêtements pour le bois: du vernis ou une peinture à l'huile. C'est à vous de choisir.

En ce qui concerne le plastique, un sablage et une bonne peinture plastique peuvent suffire.

Quant à l'aluminium, la façon dont il est traité fait que les produits y adhèrent difficilement. Pourtant, ce qui résiste le mieux demeure sûrement la peinture plastique.

Règles de prudence

- Voyez à ce que votre atelier soit toujours propre.
- Rangez vos outils dans un endroit sec et hors de portée d'un enfant non surveillé.
- Ne soumettez aucun outil à un usage abusif.
- Ne maniez pas d'instruments lorsque vous êtes fatigué ou si l'éclairage est insuffisant.
- Portez un masque quand vous faites du sablage ou d'autres travaux qui font beaucoup de poussière.
- Mettez des lunettes de protection si vous pensez que votre travail peut produire des éclats de bois ou de métal.

Outillage

Voici une liste des outils indispensables:
- ruban à mesurer;
- règle de 3 pi ou de 1 mètre;
- marteau;
- équerre variable;
- couteau tout usage;
- scies: égoïne, scie circulaire, scie à découper;
- perçeuse avec mèches: 1/8 po, 3/8 po, 1 1/2 po (emporte-pièce);
- gabarit de cercle (fait avec du carton ou autre);
- pince;
- lunettes de protection.

Quelques remarques ornithologiques

Cette section s'adresse au lecteur non initié à l'ornithologie. Pour attirer un invité de marque dans un nichoir, il est indispensable de pouvoir l'identifier et de connaître certaines de ses habitudes. Nous décrivons ici quelques caractéristiques des espèces d'oiseaux mentionnées dans ce livre. L'illustration associée à chaque description représente le mâle de l'espèce. Pour connaître ces oiseaux de façon plus précise, nous vous conseillons de consulter les ouvrages cités dans les lectures conseillées à la fin du présent livre.

La mésange à tête noire

Séjour au Québec: toute l'année avec période de nidification au printemps.
Lieu de nidification: à l'orée de la forêt, dans le trou d'un arbre mort (ou dans un nichoir approprié).
Ponte: de 6 à 8 oeufs.
Incubation: 13 jours.
Plumage de l'adulte: tête: noir et blanc;
                            dos: gris;
                            flanc: beige.
Espèce apparentée: mésange à tête brune.
Fréquence: assez commune dans les forêts mixtes du sud du Québec.
Aile*: 66 mm

---

* *Aile:* il s'agit de la longueur moyenne de l'aile du mâle.

Ponte: de 6 à 8 oeufs.
Incubation: 13 jours.
Plumage de l'adulte: dos: brun;
ventre: blanc cassé.
Fréquence: plutôt rare, il habite le sud du Québec.
Aile: 52 mm

La sittelle à poitrine blanche

Séjour au Québec: toute l'année avec période de nidification au printemps.
Lieu de nidification: en forêt, dans une cavité naturelle, dans le creux d'un arbre mort (ou dans un nichoir approprié).
Ponte: de 6 à 9 oeufs.
Incubation: 12 jours.
Plumage de l'adulte: dos: gris et noir;
ventre: blanc;
Espèce apparentée: sittelle à poitrine rousse.
Fréquence: assez commune dans les forêts mixtes du sud du Québec.
Aile: 90 mm

L'hirondelle bicolore

Séjour au Québec: de mi-avril à septembre.
Lieu de nidification: dans les milieux urbains et semi-urbains, de préférence à proximité d'une étendue d'eau. C'est une adepte des nichoirs fabriqués par l'homme.
Ponte: de 4 à 6 oeufs.
Incubation: 14 jours.
Plumage de l'adulte: dos: bleu-vert irisé;
ventre: blanc.
Fréquence: très commune sur presque tout le territoire québécois sauf le Grand-Nord.
Aile: 118 mm

Le troglodyte familier

Séjour au Québec: de fin avril à septembre.
Lieu de nidification: parfois en forêt dans le creux d'un arbre. Toutefois il affectionne les lieux habités et les nichoirs que l'homme lui fabrique.

Ponte: de 4 à 6 oeufs.
Incubation: 16 jours.
Plumage de l'adulte: dos: bleu ciel;
                        ventre: roux.
Fréquence: malheureusement plus rare à cause de la concurrence du moineau et du sansonnet, ainsi que de la disparition de ses nichoirs naturels. Raison de plus pour lui construire des demeures qui pourront l'accueillir!
Aile: 98 mm

L'hirondelle noire (hirondelle pourprée)

Séjour au Québec: de fin avril à septembre.
Lieu de nidification: elle vit dans les milieux urbains et semi urbains et niche en colonie dans des nichoirs à logis multiples. Elle niche également dans les crevasses des falaises.
Ponte: de 4 à 5 oeufs.
Incubation: 14 jours.
Plumage de l'adulte: dos: bleu violacé irisé;
              Ventre: mâle: bleu violacé irisé;
                      femelle: gris-brun
Fréquence: assez commune dans le sud du Québec, mais elle a adopté certaines régions à l'exclusion d'autres.
Aile: 150 mm

Le moucherolle phébi

Séjour au Québec: de mai à fin septembre.
Lieu de nidification: dans les territoires agricoles, souvent sous un pont.
Ponte: de 3 à 7 oeùfs.
Incubation: 16 jours.
Plumage de l'adulte: dos: olive grisâtre;
                ventre: olive grisâtre pâle;
                Tête et cou: brun noir.
Fréquence: concentré surtout dans le sud-ouest du Québec.
Aile: 85 mm

Le merle bleu à poitrine rouge

Séjour au Québec: de fin mars à septembre.
Lieu de nidification: dans les pâturages et les lieux à découvert, le plus souvent dans un arbre creux. On peut également lui fabriquer un nichoir.

Le canard huppé (ou Branchu)

Séjour au Québec: d'avril à septembre.
Lieu de nidification: en bordure d'un cours d'eau ou d'un lac à l'orée de la forêt. Il niche souvent dans un arbre creux mais il est possible de lui fabriquer un nichoir.
Ponte: de 6 à 8 oeufs.
Incubation: 30 jours.
Plumage de l'adulte: mâle en période nuptiale: multicolore;
femelle: beige et brun grisâtre.
Fréquence: assez fréquent dans le Sud du Québec.
Aile: 223 mm

Le pic mineur

Séjour au Québec: habituellement toute l'année avec période de nidification au printemps.
Lieu de nidification: dans les troncs d'arbre, à la campagne ou dans les parcs urbains.

Fonte: de 3 à 8 oeufs.
Incubation: 12 jours.
Plumage de l'adulte: dos: noir et blanc (avec tache rouge sur la nuque chez le mâle);
ventre: blanc.
Espèce apparentée: pic chevelu.
Fréquence: assez commun dans tout le Québec sauf le Grand-Nord, autant en forêt que dans les zones semi-urbaines.
Aile: 95 mm

La tourterelle triste

Séjour au Québec: du début avril à fin septembre. Grâce aux mangeoires, certains spécimens passent l'hiver avec nous.
Lieu de nidification: dans les régions habitées, habituellement dans un arbre.
Ponte: 2 oeufs.
Incubation: 15 jours.
Plumage de l'adulte: brun pâle.
Fréquence: relativement fréquente dans le sud-ouest du Québec uniquement.
Aile: 146 mm

Le moineau (un indésirable)

Séjour au Québec: toute l'année (depuis son importation due à l'erreur humaine en 1850).
Lieu de nidification: il fréquente les milieux urbains et pille les nids des autres espèces d'oiseaux.
Ponte: 2 ou 3 pontes de 5 à 6 oeufs.
Incubation: 12 à 14 jours.
Fréquence: une véritable calamité dans toutes les régions habitées du Québec.
Aile: 76 mm

Lieu de nidification: il fréquente les milieux urbains et semi-urbains et pille les nids des autres espèces d'oiseaux.
Ponte: deux pontes de 4 à 6 oeufs.
Incubation: 11 à 14 jours.
Plumage de l'adulte: noir.
Fréquence: même distribution que le moineau.
Aile: 127 mm

Le pinson chanteur

Séjour au Québec: de fin mars à novembre, et parfois toute l'année.
Lieu de nidification: à l'orée des forêts, dans les parcs ou **dans** les fermes abandonnées. Il niche souvent au sol.
Ponte: de 3 à 6 oeufs.
Incubation: 12 jours.
Plumage de l'adulte: dos: brun;
ventre: blanc rayé de traits bruns.
Fréquence: relativement fréquent dans la plupart des régions du Québec sauf le Grand-Nord.
Aile: 66 mm

Le sansonnet ou étourneau (un indésirable)

Séjour au Québec: toute l'année (depuis son importation due à l'erreur humaine en 1890).

Le merle d'amérique

Séjour au Québec: de fin mars à fin octobre. Il hiverne parfois, dans les régions où les fruits sont abondants.

Lieu de nidification: dans un environnement urbain ou semi-urbain, au creux d'un arbre ou en bordure d'une fenêtre.

Ponte: quatre oeufs.

Incubation: 14 jours.

Plumage de l'adulte: dos: gris brun;
ventre: roux.

Fréquence: très commun dans tout le Québec, surtout en milieu urbain ou semi-urbain.

Aile: 130 mm

Chapitre premier
Généralités

Comment bâtir les cabanes

Un nichoir durable doit être bien construit, selon des spécifications bien déterminées.

Quand nous parlons d'un nichoir durable et bien bâti, précisons qu'il s'agit d'une habitation qui ne risquera pas de devenir une piscine pour les oisillons. Il faudra donc prévoir *l'égouttement*. De ce fait, vous diminuez les risques de pourriture du plancher. C'est ordinairement cette partie de la maison d'oiseaux qui cède la première, et souvent cela signifie la destruction de la nichée. Quelques trous dans le fond suffisent, dans la plupart des nichoirs, à assurer un égouttement efficace.

Le deuxième point à surveiller: *l'aération*. Trop de jeunes oiseaux quittent le nid avant de savoir voler parce que la chaleur à l'intérieur devient intolérable. Il est important de choisir de bons matériaux afin d'éviter les variations trop brusques de température.

Nous en sommes au *cubage*. Même si cette évaluation du volume d'air demeure assez élastique, il vaut mieux respecter certaines règles quand on désire le confort de la couveuse, puis de ses petits, et partant la conduite à bon port de la couvée. Les dimensions des nichoirs ont toutes été prévues en ce sens.

Quelquefois, nous sacrifierons le cubage pour éliminer des espèces indésirables. Nous y reviendrons quand nous parlerons des cabanes pour hirondelles bicolores.

Et, dernier point: les *dimensions de l'ouverture* permettant l'accès. Nous devrions plutôt parler du diamètre de l'entrée, car nous recommandons une ouverture de forme circulaire.

Le choix du diamètre est crucial car il doit permettre à l'oiseau que l'on veut voir nicher dans nos maisons de s'y introduire aisément, tout en bloquant l'accès aux moineaux et aux sansonnets. Le tableau suivant réunit les données nécessaires au choix judicieux d'un diamètre.

Tableau des diamètres d'ouverture

Nom de l'oiseau	Diamètre de l'entrée
Troglodyte familier	1 po
Mésange Sittelle Pic mineur	1 1/4 po
Hirondelle bicolore Merle bleu	1 1/2 po
Hirondelle pourprée	2 1/2 po
Canard branchu	4 po x 6 po

ATTENTION!

- Plus que 1 3/8 po, et le moineau s'introduit
- Plus que 1 5/8 po et le sansonnet s'introduit

Toutefois les pourprées, les branchus, les hirondelles de falaise, l'oiseau bleu et quelquefois le troglodyte peuvent accepter des ouvertures plus larges et de formes plus variées. Le troglodyte, par exemple peut — comme la sittelle à poitrine rousse — rétrécir lui-même l'ouverture en y entrelaçant des branchettes épineuses de cenellier, quand il en trouve aux alentours, formant ainsi une barricade quasi infranchissable. La sittelle à poitrine rousse enduit le pourtour de la cavité choisie de gomme de sapin afin de se protéger.

Une fois ces exigences préliminaires satisfaites, le problème d'accès au nid se pose dans toute son acuité. Vous devez pouvoir y accéder en tout temps, non pas pour vérifier l'évolution de la couvée (ce n'est pas à conseiller sauf pour le merle bleu), mais plutôt pour éliminer les nids d'indésirables.

Le nichoir peut s'ouvrir:

1. par devant (A)
2. par le fond (solution à déconseiller, car on dérange le nid).
3. par un tiroir (Un exemple avec plan se trouve dans ce volume, voir p. 51.)
4. par le côté (B)
5. par le toit (C)

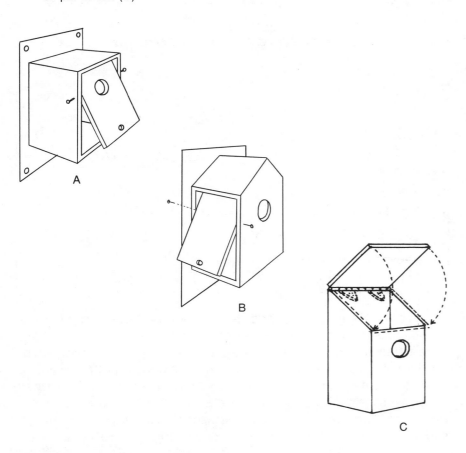

A

B

C

Quand les placer?

Un nichoir ne devrait jamais, au grand jamais, être laissé en place à longueur d'année, ouvert aux quatre vents. Si telle est votre intention, renoncez à attirer les oiseaux de votre choix.

Les moineaux et les sansonnets, des importés devenus des sédentaires, s'en accapareraient avant l'arrivée des migrateurs.

La période idéale pour installer un nichoir varie selon les espèces.

Pour la pourprée: Aussitôt que le ou les éclaireurs apparaissent dans le ciel.

Pour la bicolore: Quand on la voit fureter un peu partout.

Pour le merle bleu: Dès la mi-mars mais en gardant à l'oeil les moineaux.

Pour les autres espèces: Dès leur apparition au printemps, en s'assurant que les moineaux et les sansonnets ne prennent pas possession des nichoirs.

Où et comment les placer

Le choix de l'environnement est crucial car seul un nichoir reproduisant les conditions naturelles auxquelles l'oiseau est habitué réussira à l'attirer. Nous tenterons, tout au long de cet ouvrage, de décrire, avec précision et à l'aide de nombreux exemples vécus, les moeurs de chaque espèce susceptible d'adopter un de vos nichoirs. Nous espérons que notre expérience vous permettra de tirer de judicieuses conclusions quant à la manière de procéder pour installer les nichoirs.

Hirondelles pourprées: Le plus près possible de la maison pour garder à l'oeil moineaux et sansonnets.

Hirondelles bicolores: À la campagne, partout où les moineaux sont absents.
À la ville, fixé à la maison.

Le merle bleu: À au moins cinq cents pieds des habitations, en pleine campagne, où l'herbe n'est pas trop longue. Exemple: dans un pâturage.

Les autres espèces: Voir chapitre nichoirs pour oiseaux divers.

À quelle hauteur installer les nichoirs

Tout nichoir doit être installé hors de portée de main humaine.

La pourprée: Aussi haut que possible (de 12 à 20 pi) loin des arbres.

La bicolore: À la campagne, de 5 à 15 pi du sol.

À la ville, accroché à une fenêtre.

Le merle bleu: La seule exception. Sur un piquet de clôture à la hauteur des yeux, pour être visité régulièrement afin d'en évincer les moineaux.

Nos petits secrets

- Une cabane d'oiseau idéalement orientée voit son entrée faire face en direction est, nord et nord-est pour éviter d'être surchauffée au chaud soleil du midi.
- Le trou permettant l'entrée de l'oiseau devrait toujours être incliné de bas en haut vers l'intérieur pour empêcher la pluie d'entrer.

- Si des écureuils ou des pics s'escriment à élargir l'entrée, poser un anneau métallique ou l'entourer de clous à couverture plantés tout autour.

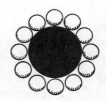

- Si vous avez raison de croire que des ratons laveurs peuvent glisser la patte dans la cabane pour y cueillir les oeufs ou les oisillons, appliquez à l'entrée une planche d'au moins un pouce d'épaisseur. Cela ne nuira en rien à l'oiseau pour accéder à son nid mais les prédateurs en seront quittes pour leurs frais.

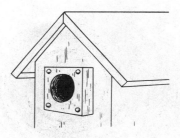

- Ou encore, sous l'entrée, à l'intérieur, fixez deux petits perchoirs. La patte de l'animal ne pourra rejoindre les petits.
- La meilleure façon d'imperméabiliser une cabane consiste à l'enduire d'huile de lin à l'intérieur comme à l'extérieur jusqu'à ce que le bois en soit bien imprégné. Laissez sécher pendant au moins un mois à l'extérieur. L'oxygène aidant, il se formera une couche imperméable très durable.
- Une cabane doit être faite de bois durable de bonne épaisseur. (Plus le bois est épais, mieux elle est isolée.) Des expériences menées scientifiquement ont prouvé qu'un écart de température allant jusqu'à 9°F peut exister dans un nichoir fait d'un bois épais avec un autre qui n'a pas l'épaisseur requise.
- Une cabane doit être bien aérée en ventilée. C'est primordial au temps de la canicule.

- Une cabane doit être accessible en tout temps pour éliminer les intrus: moineaux ou sansonnets.
- On doit pouvoir accéder facilement dans les logis sans les démolir pour les nettoyer après chaque couvée.
- L'esthétique vient en dernier lieu quand on parle écologie. Mais nous suggérons le bois naturel avec son écorce chaque fois que c'est possible pour que l'habitacle se marie bien au décor.

- L'ouverture doit se trouver plus près du toit que du plancher pour empêcher des oiseaux, tels que sansonnets ou moineaux, ou des animaux prédateurs, tels les ratons laveurs, d'atteindre les petits. Une exception: les hirondelles pourprées, ces adeptes de la haute voltige, ont de très faibles pattes. L'entrée ne sera pas à plus de deux pouces du plancher.
- La dimension intérieure du plancher du logis ne doit jamais avoir une longueur inférieure aux 4/5 de la longueur de l'oiseau.
- Quand vous fabriquez une mangeoire, il faut vous rappeler que les oiseaux se servent surtout de la vue pour trouver leur nourriture. L'acrylique ou la vitre sont à conseiller.
- On installe les mangeoires du côté ensoleillé de la maison pour éviter que les oiseaux ne se frappent dans les fenêtres panoramiques.
- Veut-on fabriquer de toutes pièces un endroit où les oiseaux iront passer la nuit? On fabrique un toit avec une feuille de polythène ou tout autre recouvrement. En

Une mangeoire transparente.

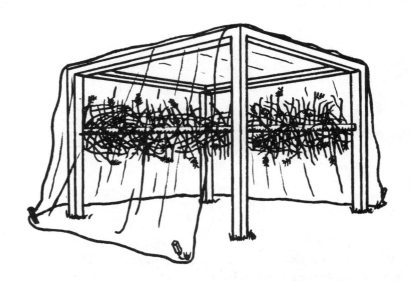

dessous, sur toute la longueur, on fixe un bâton autour duquel on attache de la paille ou du foin. Les oiseaux iront se blottir à ces endroits, se camouflant même dans l'amas de paille pour se tenir au chaud.

- On peut placer dans une fenêtre une cabane d'oiseaux avec, comme mur arrière, une vitre miroir. On peut y voir les oiseaux tandis qu'ils ne nous voient pas. Un ami, Paul-Émile Dion, a égayé de cette façon tout le dernier été de la mère de son épouse qui a pu voir une nichée de merles bleus prendre l'azur.
- Les perchoirs ne sont à recommander que pour les condominiums à pourprées. Dans un 24 logis, on retrouve parfois 48 parents. Avec une moyenne de quatre nouveau-nés par couple, ça peut faire quelque 150 individus en automne, et, de plus, ils reçoivent des visiteurs. Il n'y a jamais *assez* de perchoirs à une maisonnette pour pourprées. Pour toutes les autres, il y en a toujours *trop*.

Nous nous permettons, de dénoncer l'abus que maints bricoleurs font des perchoirs. On s'imagine que l'oiseau a besoin de cette corniche pour parvenir au gîte. Rien de plus faux. Tous les nicheurs en cavité, qui ont depuis toujours bénéficié de l'appui généreux des pics, ont appris à se dispenser de cet encombrant gadget.

- La pluie battante tue tous les ans d'innombrables oisillons au nid. Ne jamais exposer l'entrée de vos cabanes aux vents dominants.
- En terminant: tout le temps consacré à nos oiseaux nous les rendent plus chers.

Chapitre deux
Bâtir pour les merles bleus

La demeure d'antan du merle bleu

Dès notre plus tendre enfance, nous prospections par monts et par vaux tout le territoire environnant notre demeure.

Nous habitions dans un tout petit village situé aux pieds des Laurentides: une rue en cul de sac qui aboutissait à un immense affleurement de roche que nous appelions le cap à Lebeau.

C'était un ancien pacage à vaches, mais pas de ceux qui hébergent ces troupeaux d'aujourd'hui. C'était encore l'époque des fermes de "trente arpents" rendues célèbres par Ringuet. Les cultivateurs n'avaient pas les moyens de se payer des clôtures barbelées.

Aux limites de sa terre, on élevait souvent de véritables murets d'énormes pierres, quand le sol était rocailleux à

Les anciennes clôtures que le merle bleu prisait tant.

souhait. Et, dans ces amoncellements de gros cailloux, on fichait des piquets de cèdre ou on fabriquait des chevalets du même bois, où l'on posait de longues perches souvent évidées.

Les cerisiers à grappes proliféraient en ces endroits. Les chenilles à tente ne les avaient pas encore dévastés.

Ces lieux représentaient des coins de prédilection pour merles bleus et troglodytes familiers.

Aujourd'hui, on a éliminé ce genre de clôture du territoire québécois. On a du même coup chassé le merle bleu. On pourrait rêver de reconstituer ce décor, d'autant plus que des voisins des pays du Sud expérimentent en ce sens. Ils redécouvrent ces conditions de nidification d'autrefois: un vieux poteau de cèdre évidé dans le haut et fiché en terre et les merles bleus y sont revenus.

On peut également favoriser la venue du merle bleu en construisant des nichoirs très simples. C'est ce que nous tenterons de vous faire découvrir dans ce chapitre.

Les nichoirs les plus courants

Il vous faut, une fois dans votre vie, visiter une piste d'oiseaux bleus pour en connaître l'enchantement.

Celle que nous inaugurions, il y a cinq ans maintenant, contenait approximativement quelque quatre douzaines de nichoirs. Un de ces jours de printemps nous avait vus, toute la famille accompagnée de quelques volontaires du village, nous aventurer dans les pâturages avoisinants, avec des brouettes pleines de nichoirs fabriqués de dosses de cèdre. Nous avions, bien entendu, obtenu la permission des fermiers concernés.

Notre vieil ami, Lucien Leroux, quatre-vingts ans à l'époque, avait construit pour nous ces premières maisonnettes. Depuis, plus de mille autres sont sorties de ses mains. On en retrouve au jardin zoologique de Charlesbourg et nous en avons offert plusieurs à la Société linéenne pour qu'elle puisse les installer à l'Aquarium de Québec. Soixante d'entre elles sont disséminées dans le parc Paul-Sauvé à Oka depuis maintenant trois ans.

Nos nichoirs en dosses de cèdre.

Au printemps prochain, la SAMBEA (Société des amis du merle bleu de l'est de l'Amérique), qui s'est vu confier la supervision de cette piste, en replanifiera la disposition et se chargera de donner des cours d'initiation à ceux qui voudraient en créer de semblables. Une véritable école dans la nature! Près d'une centaine de nichoirs de même facture sont installés au Bois de Belle-Rivière.

Nous avons vécu presque à plein temps quatre mois durant auprès des premiers nichoirs que nous avons installés.

Inaugurées aux premiers jours de mai, les maisonnettes demeuraient désespérément vides. À chaque fois qu'une hirondelle bicolore s'appropriait un nichoir érigé sur un piquet de clôture, nous en disposions un autre sur le suivant à quelque dix ou quinze pieds. Ceux de la piste, eux, étaient distants de plus de trois cents pieds. Le merle bleu, en effet, est un oiseau territorial. Il a besoin de cet espace et il le protège contre tout autre mâle de son espèce. Son territoire constitue son terrain de chasse, et, s'il tolère la bicolore qui ne chasse pas de la même façon que lui, il est intransigeant pour ses semblables.

Soir et matin, on nous retrouvait dans la piste. Nous nous étions bien gardés de placer des nichoirs à moins de mille pieds des habitations. Donc nous n'avons pas eu de problèmes avec les moineaux, cette année-là, et l'étroitesse de l'entrée, 1 1/2 po, interdisait l'accès aux sansonnets.

Enfin, un soir de juillet, notre coeur ne fit qu'un bond dans notre poitrine. C'est bien compréhensible. Le Québec n'avait pas vu de merles bleus depuis plus de cinquante ans.

Il nous sembla, dans le calme du soir, entendre un gazouillis que nous n'avions pas oublié malgré les années. Nous eûmes l'impression de voir comme un lambeau de ciel bleu s'échappant d'une cabane installée au beau milieu d'un pâturage parsemé de talles d'aubépines.

Ces oiseaux, autrefois familiers, sont devenus si farouches qu'il faut se donner beaucoup de peine pour les trouver.

N'empêche que l'après-midi tirait à sa fin. Aucune trace de nid dans l'habitacle. Avions-nous rêvé? Passer à la maison, engouffrer un sandwich et vite dans la piste, jumelles en bandoulière.

Même de loin, il était impossible de se méprendre: l'oiseau perché sur le nichoir avait la forme, l'attitude et la posture du merle bleu: aucun doute possible. Il était revenu, l'oiseau bleu de notre enfance, et même à notre première tentative pour le ramener! L'espoir était donc possible.

Cette fin de juillet, ce mois d'août, nous n'avons pas vécu; nous avons existé, et quand, enfin, après avoir découvert l'abri vide de ses occupants, nous eûmes la joie, dans les jours suivants, de voir les deux jeunes se terrant dans les bosquets épais tandis que les parents leur apportaient la nourriture, nous avons enfin respiré plus librement. Ce qu'ils l'ont peuplé ce champ en friche, cette famille de l'oiseau de nos rêves, le *Bluebird of Happiness* de notre enfance!

L'année suivante, nous les avons attendus en vain. Ils n'avaient été que des voyageurs de passage, nous réalisâmes que, seuls, nous ne parviendrions jamais à ramener ce bel oiseau chez nous. Notre premier livre, *Le Retour de l'oiseau bleu,* devait bientôt paraître.

Au moment où paraissait le volume, il revint, notre oiseau bleu. Cette fois, dans une cabane délabrée que nous avions omis de récupérer l'automne précédent. Quatre beaux petits merles bleus s'en envolèrent et, depuis, il ne se passe pas de semaine sans qu'un ami ne nous téléphone ou ne nous écrive: "Il est revenu!"

La demeure idéale: *Le Classique pour merle bleu*, version en dosses de cèdres.

Inaugurez votre propre piste

Vous aussi pourrez constituer un sentier de merles bleus à votre mesure. Il comportera quatre, dix, cent nichoirs ou plus. Tout dépend de votre disponibilité et du terrain que vous voudrez couvrir. Adjoignez-vous des collaborateurs, des collaboratrices qui partageront vos joies.

Le nichoir

Pour nous, le nichoir dont vous retrouvez le plan en page 33 sera toujours notre favori, le classique du genre. Il pourra vous apporter le même bonheur si vous l' installez en des endroits que ne fréquentent pas les moineaux.

Les plans proposent d'utiliser du contreplaqué mais rien ne vous empêche de les bâtir en dosses si vous avez la chance de vous en procurer.

Le terrain

Point n'est besoin de voir les merles bleus de retour pour commencer le travail. Dès le début mars, recherchez un terrain, sablonneux de préférence, où l'herbe ne pousse pas trop dru, ni trop haut. Les ennemis à quatre pattes ne peuvent s'y dissimuler et les insectes qui y prolifèrent sont accessibles pour les oiseaux. Des arbustes épars le parsèment, l'oiseau utilisera ces points d'observation pour chasser.

L'installation du nichoir

Sur un poteau ou sur un piquet de clôture, fixez-le à portée de la main. Le merle bleu tolérera votre présence, *discrète*. Vous serez ainsi en mesure d'éliminer les intrus.

L'enchantement

Il faut découvrir ce petit nid propret, puis, les coquilles bleu d'azur et le charme discret de ce refuge jusqu'au jour où une petite boule duvetée l'habite. Les développements alors se précipitent. Une semaine d'absence de votre part et les jeunes ont les yeux grand ouverts. Quelques jours de plus et ils sont prêts à s'envoler. À votre prochaine visite, les lieux seront déserts. Quand la curiosité vous ramènera dans les parages, une autre couvée sera en cours et à ce rythme, on ne voit pas l'été passer.

Est-ce encore possible?

Dans l'Ouest canadien, John Lane inaugurait sa piste, il y a trente ans. Aujourd'hui elle couvre plus de deux mille milles dans toutes ses ramifications. Dix mille nouveaux merles bleus, tous les ans, vont égayer l'azur. John Lane n'est plus, cependant. Norah, son épouse, continue son oeuvre. Aux États-Unis, innombrables sont ceux qui s'emploient à la survie du merle bleu. Vous voyez que cet oiseau peut être sauvé, mais à la *condition expresse* que les humains, qui ont bousillé son habitat et importé des ennemis ailés mieux équipés, interviennent et réparent le tort causé par leurs semblables.

Et si, l'automne venu, vous ne pouvez récupérer les nichoirs, laissez-les ouverts jusqu'à ce que vous repreniez votre ronde au printemps. Les prédateurs, mulots, écureuils ou autres ne pourront les accaparer.

Quand les moineaux occupent le terrain, nous vous conseillons le nichoir de Peterson de la page 36.

C'est incroyable, ce que peut accomplir l'initiative des humains quand la motivation s'en mêle! En 1983, Dick Peterson écrivait:

Les merles bleus et le moineau domestique ne peuvent partager le même territoire.
On ne peut permettre au moineau de se reproduire où le fait l'oiseau bleu.
J'ai donc conçu pour vous un piège qui donne des résultats.
Pourquoi l'ai-je fait? À cause des instincts de tueur du moineau qui se révèle le pire ennemi ailé du merle bleu.
Ici, dans le *Midwest*, nous avons conçu un nichoir à façade inclinée.

Observez le plan incliné du nichoir de Peterson. Le moineau n'a pas les dons d'acrobate de la mésange ou du roitelet. Il n'a pas les plumes de la queue constituées comme celles des pics. Pour nous résumer, il est rarement capable de s'adapter à de tels imprévus dans ses sites de nidification. Il se cramponnera difficilement à une structure de cette inclinaison; le merle bleu, lui, s'en accommodera. C'est simple mais il fallait y penser!

Remarquez également la forme allongée de l'ouverture. Celle-ci, de forme ronde et d'un diamètre de 1 1/2 po, s'est transformée en un ovale de 1 1/4 po de large par 2 1/4 de haut. Évidemment, ces expérimentateurs ont remarqué que le moineau n'était pas à l'aise dans cette sorte de gymnastique pour pénétrer au logis. Pour l'oiseau bleu, c'est jeu d'enfant.

Une expérience personnelle nous a amené à semblable découverte. Nous avons observé que des hirondelles de falaise, qui avaient toutes les misères du monde à interdire l'accès de leur nid placé dans un endroit où proliféraient les moineaux batailleurs, avaient construit une entrée déformée semblable à leur logis. Ils réussirent à élever leurs petits.

Et les autres trouvailles contenues dans le plan de Peterson nous remplissent d'admiration.

L'exiguïté du plancher de ce logis a été prévue pour que le moineau s'y sente mal à l'aise avec l'accumulation de matériaux qui lui sert de nid.

Un raton laveur fait-il des ravages dans les autres nichoirs de la piste? On utilise alors une porte interchangeable où, sous l'entrée, on a disposé de petits bâtons perchoirs.

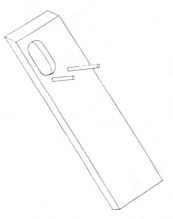

Des perchoirs à l'intérieur de la pièce avant du nichoir pour empêcher le raton laveur de faire ses ravages.

L'oiseau peut y faire une halte en pénétrant au logis, mais le raton ne peut, avec sa patte, atteindre les oeufs et les petits.

* * *

Un moineau s'est-il emparé du nichoir, y a bâti son nid, pondu, ou est-il en train d'y élever les siens? Il ne vous reste plus qu'à installer le piège de Peterson qui consiste en une devanture spéciale que vous adaptez à votre nichoir. Vous insérez votre nouveau devant de nichoir à la place de celui suggéré dans le plan conventionnel et vous vous éloignez avec vos jumelles.

Dès qu'un oiseau pénétrera, vous apercevrez bientôt le petit carreau de signalisation rouge. C'est donc que la petite plaque qui le cachait s'est rabattue pour obstruer l'entrée.

Vous avez remarqué que l'ouverture dans la porte piège n'a qu'une largeur de 1 1/16 po à l'horizontale. Le merle bleu ne peut s'y introduire mais le moineau, lui, le peut.

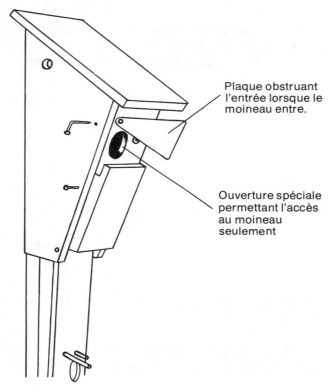

Plaque obstruant l'entrée lorsque le moineau entre.

Ouverture spéciale permettant l'accès au moineau seulement

Le piège de Peterson.

La petite plaque qui cache le carreau de signalisation de couleur rouge, en s'abattant sur l'entrée, libère du même coup une ouverture d'une largeur de 5/16 po. Ainsi, si un troglodyte a déclenché le piège, il peut se libérer.

Ingénieux, penserez-vous. Le seul défaut d'un tel dispositif, c'est qu'il doit être constamment surveillé au cas où des oiseaux indigènes utiles et protégés s'y laisseraient prendre. Dans un cas semblable vous pourriez être poursuivi en justice pour avoir enfreint la loi qui protège les oiseaux migrateurs.

Il y a un deuxième inconvénient dans ce système et nous nous devons de vous le signaler. Il faut posséder des dons de bricoleur hors de l'ordinaire pour réussir à construire ce dispositif piège. Cependant Dave Ahlgren de Burnsville qui fabrique le nichoir de Peterson peut vous en expédier un pour la minime somme de 5,00$ américains plus frais d'envoi. On le rejoint à 14017 Whiterock Rd., Burnsville, MN 55337 (612-342-8160)

Au chapitre sur les moineaux et les sansonnets, vous trouverez un piège qui peut s'adapter à une cabane à merle bleus et qui est plus facile à réaliser (p. 106).

Si l'on ne veut pas s'encombrer d'un piège, on peut également fabriquer une maison conventionnelle comme celles qu'affectionnent les merles bleus en supprimant leur toit de bois

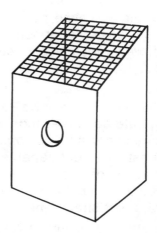

Un nichoir pour merles bleus pourvu d'un toit en grillage.

et en le remplaçant par un grillage. Les moineaux n'aiment pas ces sites à la belle étoile. Les merles bleus s'en accommodent même si parfois les petits doivent se faire doucher par un orage aussi subit que violent avec comme seul abri les ailes déployées de maman.

Mais, à cet âge, s'exposer aux intempéries ne rebute pas des parents courageux et jamais encore n'avons-nous vu de jeunes oiseaux noyés au nid. Le soleil qui luit à l'accoutumée immédiatement après l'orage a tôt fait de tout sécher.

Les bacs à fleurs

Une autre trouvaille: le nichoir conçu par Jack Finch de la Caroline du Nord.

Ce diable d'homme, un pépiniériste à la retraite, s'est servi de l'expérience acquise dans sa profession pour bâtir un nichoir très économique. Il a fabriqué plus de deux mille de ces habitations, les a installées ou fait installer, les supervise ou les fait superviser.

Un jour, il s'est retrouvé avec sur les bras un fonds de faillite composé de milliers de contenants de papier mâché. Son esprit inventif a fait le reste.

Voici pour le toit:

Une languette de métal très rigide est fixée à un vase à fleurs de forme carrée. On s'en sert pour le fixer au poteau. On ajoute deux attaches latérales auxquelles viendra se suspendre l'habitacle qui servira de nid, une autre boîte à fleurs également. Le tout est libéralement badigeonné de multiples couches de peinture qui donnent à cette habitation beaucoup de rigidité et d'étanchéité.

Cette partie détachable vient se fixer au toit, qui est fixé à son tour à un long poteau métallique. Du fil de fer très mal-

L'intérieur du bac à fleurs aménagé en nichoir.

léable, mais très résistant, vous permettra de fixer cette partie aux anneaux qui excèdent de chaque côté du toit.

Quand vous visitez le nichoir, vous n'avez qu'à déplier le fil de fer qui le relie à une des fixations, l'autre s'enclenchant automatiquement sans qu'on ait à la défaire. Vous inspectez le nid, notez les détails et remettez le tout en place en un tour de main.

Le devant de ce pot à fleurs à la verticale est habillé à l'intérieur d'une planche de 1 po d'épaisseur qui recouvre toute la partie avant. Un trou de 1 1/2 po de diamètre est percé et le pot et la planche sont fixés ensemble par des clous à couverture tout autour du trou, offrant ainsi une protection contre les rongeurs ou les pics-bois qui voudraient en agrandir l'ouverture. Le tout est solidement fixé.

À l'intérieur, sur un fond de brindilles, notre bricoleur pose un autre contenant de même texture que les deux précédents mais beaucoup plus petit! Son diamètre intérieur ne doit pas excéder cinq pouces. S'il laissait toute la cavité libre, ce serait inviter les moineaux. L'exiguïté du logis facilite le travail de nidification du merle bleu qui ne bâtit qu'une légère coquille fabriquée de fines herbes ou de brindilles de pin. Cet ingénieux dispositif permet de nettoyer, entre les couvées, le nichoir en un clin d'oeil.

Tout bricoleur habile peut bâtir une telle habitation sans grande difficulté. Le secret: trouver les bons bacs à fleurs qui

Le nichoir fabriqué à partir d'un bac à fleurs, en place.

31

s'emboîtent, et bien assurer leur durabilité en ne ménageant pas la peinture.

Ne pas oublier de laisser des espaces pour l'égouttement et l'aération.

Un nichoir idéal mais coûteux

Ce nichoir de rêve nous a été offert par notre ami Lawrence Zeleny, le fondateur de la *North American Bluebird Society*.

Le docteur Zeleny en a expérimenté pendant plusieurs années une bonne demi-douzaine de semblables dans sa piste pour merles bleus avec des résultats convaincants. Tous les ans, ils furent habités et les couvées chaque fois menées à bon port, quand les prédateurs ne venaient se mettre de la partie pour les détruire, bien entendu.

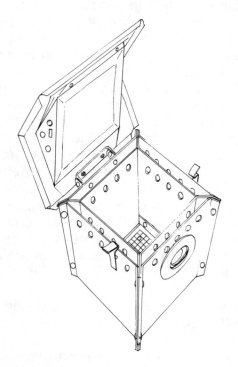

Le nichoir du docteur Zeleny.

Cette expérimentation était menée dans sa piste de quelque quatre-vingt-cinq nichoirs au Maryland, un endroit où les merles bleus prolifèrent, à l'encontre de ce qui se passe chez nous.

Mais, nous rapporte le *National Geographic Magazine* dans son édition de juin 1977, au début, quand Lawrence Zeleny créa sa piste, un seul couple de merles bleus l'habitait. Maintenant, plus de deux cents jeunes merles bleus prennent l'azur tous les ans.

Ce genre de maison préconisé par le docteur Zeleny avait été bâti par la compagnie qui publie le mensuel *Nature Society News*, Purple Martin Junction, Griggsville, Il. 62340. Leur objectif principal: Voir à protéger l'hirondelle pourprée, lui fabriquer des nichoirs à sa mesure et enseigner comment et où les installer de façon à obtenir les résultats escomptés.

Cette compagnie, qui fabrique les meilleurs nichoirs à hirondelles pourprées dans le monde, a employé son expertise dans le domaine de la pourprée pour aboutir à ce nichoir à merles bleus. Étant une compagnie privée, elle se devait de faire des profits pour survivre, et le coût de fabrication demeure prohibitif. Pourquoi? Parce que cet habitacle est conçu avec la plus grande minutie. Toutes les parois sont doublées pour laisser un coussin d'air sur les quatre côtés, ainsi qu'au toit et au plancher. Tout le métal est préfabriqué, taillé, plié sur des matrices et riveté.

Rien n'a été négligé: le toit à bascule, avec charnières, un dispositif pour le tenir solidement fermé en place, le treillis métallique fixé à l'intérieur pour permettre l'égouttement dans le fond et une espèce d'échelle verticale sur la partie avant afin d'en faciliter la sortie aux petits et aux parents aussi. Pour empêcher le surchauffement, le logis est peint vert pastel.

Des attaches pour le fixer au piquet choisi dans la nature sont incorporées à la structure. Une vraie petite merveille bien pensée, sauf en ce qui concerne le prix.

Le merle bleu n'est pas difficile

Un couple de merles bleus, un certain printemps, avait décidé d'élire domicile dans une vieille cabane si délabrée que nous avions négligé de la récupérer l'automne précédent.

Le jour y pénétrait de toute part, et pourtant les parents réussirent à y élever quatre magnifiques petits merles bleus. (Voir *Perspectives* dans *La Presse*, 4 sept. 82.)

Certains nichoirs pour merles bleus sont effectivement d'une simplicité désarmante. Les contenants de plastique en page 38 en sont des exemples. Ils peuvent également accueillir des sitelles, des mésanges ou des hirondelles bicolores.

Ces nichoirs ont produit des résultats tangibles, attachés à des piquets de clôture à hauteur d'homme, là où les moineaux abondent. La proximité du sol, la transparence de l'habitacle rebute alors les moineaux qui recherchaient plutôt l'abri sécuritaire des bâtiments environnants. Les merles bleus, en désespoir de cause, s'en accomodent.

Évidemment, celui qui avait élaboré ce nichoir, notre ami le docteur Larry Zeleny, qui expérimente avec les merles bleus depuis soixante-dix ans bien comptés (il a quatre-vingt-deux ans aujourd'hui), lui avait appliqué de multiples couches de peinture de couleur pâle; la peinture foncée absorbe plus les rayons du soleil, et l'atmosphère à l'intérieur a tendance à surchauffer.

Nous suggérons donc de bâtir un second toit en dosses dont on recouvre le réceptacle en prenant bien soin de laisser un espace d'air de l'épaisseur d'un doigt entre les deux toits. Cette couche d'air agit comme agirait la paroi d'une bouteille thermos. Prenons bien soin de faire excéder le toit de la largeur d'une main et d'orienter l'entrée vers l'est, le nord ou le nord-est.

Le Classique pour merle bleu

Cette résidence se fixe au bout d'un tuyau galvanisé empêchant les prédateurs de venir attaquer les petits. Si on la fixe à un arbre, prévoir une plaque métallique autour de l'ouverture pour empêcher les écureuils d'agrandir le trou et d'y pénétrer.

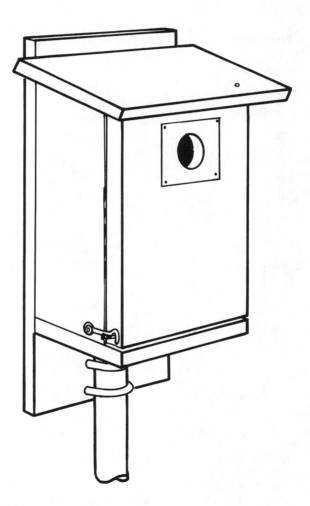

Matériaux

Contreplaqué ou planche de pin de 1/2 x 9 1/2 x 32 po (pièces A, B, C, D, E)
Clous de finition de 1 1/2 po
6 vis de 1/2 po pour le grillage
Petit grillage de 4 x 3 po (dimension des carreaux: 3/8 x 3/8 po)
2 vis en "U" pour tuyau de 1 po
10 pi de tuyau galvanisé de 1 po de diamètre
Plaque d'acier galvanisé de 1 1/4 x 1 1/4 po (facultatif)

Méthode d'ouverture

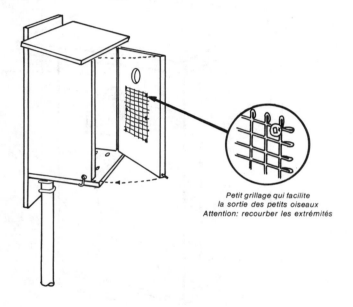

Petit grillage qui facilite
la sortie des petits oiseaux
Attention: recourber les extrémités

Énumération des pièces:

A. Contreplaqué de 5 x 14 1/2 po. Prévoir 4 trous pour fixer les vis en "U"
B. 2 pièces de contreplaqué de 4 1/2 x 10 po. Ne pas oublier les trous d'aération
C. Contreplaqué de 5 x 5 po. Faire quelques trous de 3/8 po pour permettre l'égouttement
D. Contreplaqué de 6 x 6 1/2 po
E. Contreplaqué de 5 x 8 1/2 po. Voir l'illustration pour le détail du trou. Fixer à l'intérieur de la pièce un petit grillage

Assemblage:

1. Clouer la pièce C sous les deux pièces B et les relier ensuite par des clous à la pièce A
2. Fixer le toit (pièce D). Le côté de 6 1/2 po de la pièce D représente la largeur
3. La pièce E sera fixée uniquement par deux clous qui serviront d'articulations. Rajouter un petit crochet de porte pour la tenir fermée. Pour terminer, poser les vis en "U" et le tuyau
4. Enfoncer ensuite le tuyau dans le sol

Perspective d'assemblage

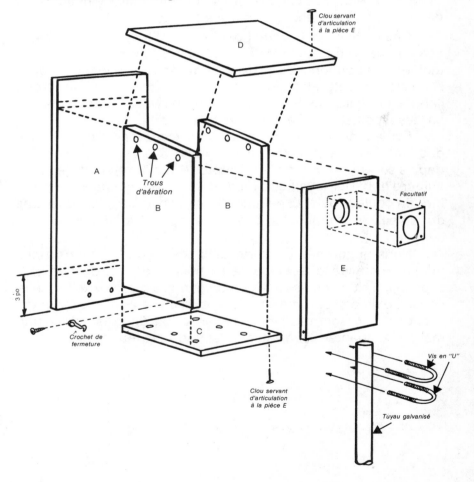

Coupe de la fixation

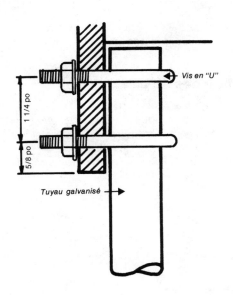

Vis en "U"

1 1/4 po

5/8 po

Tuyau galvanisé →

**Débitage —
Contreplaqué de 1/2 po**

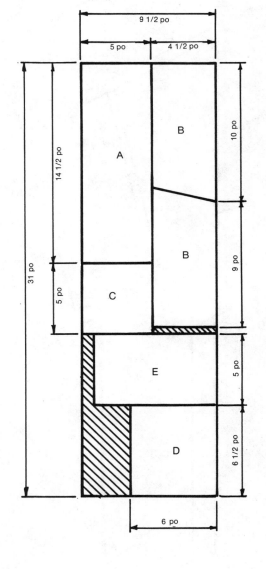

9 1/2 po

5 po   4 1/2 po

14 1/2 po

31 po

5 po

10 po

9 po

5 po

6 1/2 po

A

B

B

C

E

D

6 po

Pièce B

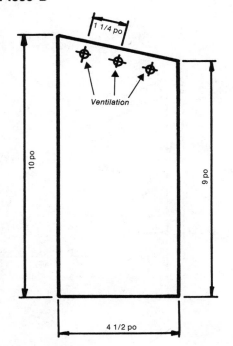

1 1/4 po

Ventilation

10 po

9 po

4 1/2 po

Pièce E

2 1/2 po

2 po

8 1/2 po

Diamètre
de 1 1/2 po

5 po

Le Nichoir de Peterson

Ce logis se fabrique en quelques heures à partir d'un 2 x 4 po en cèdre.

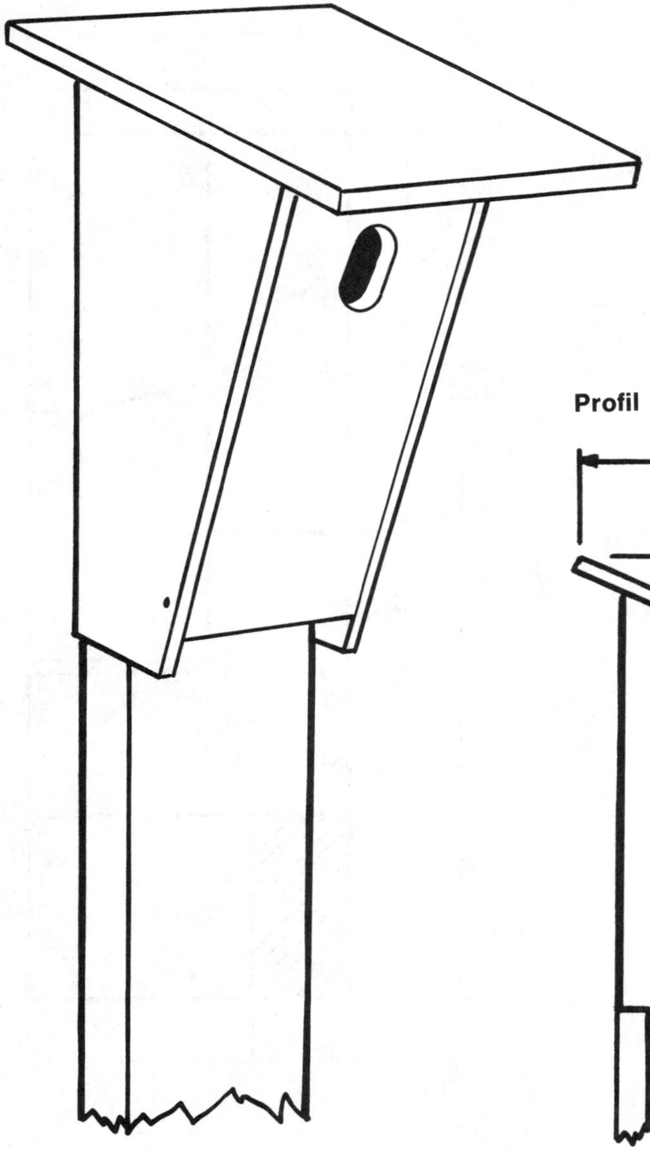

Matériaux

Contreplaqué de 1/2 x 22 x 27 po (pièces B, E, F)
2 x 4 po de 12 pi en cèdre (pièces A, C, D)
Clous

Énumération des pièces:

A. Madrier de 2 po x 4 po x 10 pi. Enfouir 2 pi 6 po dans le sol
B. 2 pièces de contreplaqué de 9 x 18 po (voir illustration)
C. Madrier de 2 x 4 po, longueur 7 1/2 po
D. Madrier de 2 x 4 po, longueur 2 1/2 po
E. Contreplaqué de 3 1/2 x 13 po (voir illustration)
F. Contreplaqué de 8 x 14 po

Profil

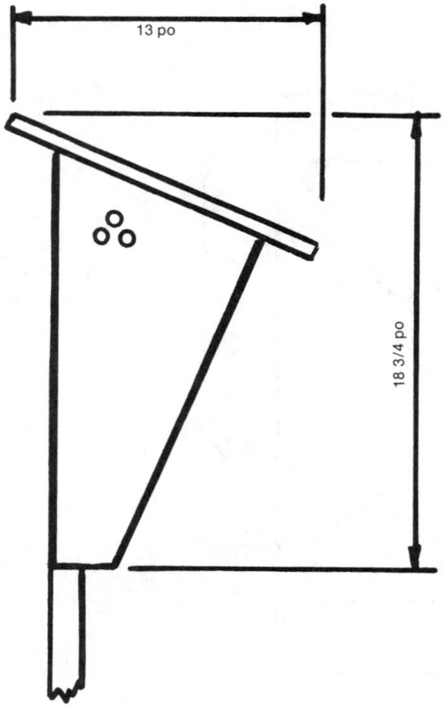

13 po

18 3/4 po

Façade

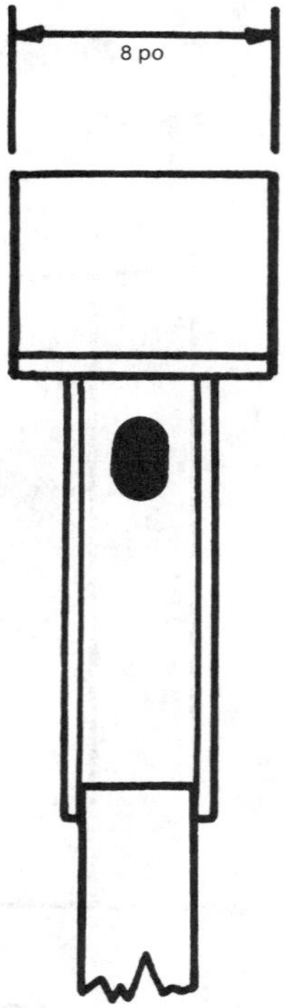

8 po

Disposition interne des pièces

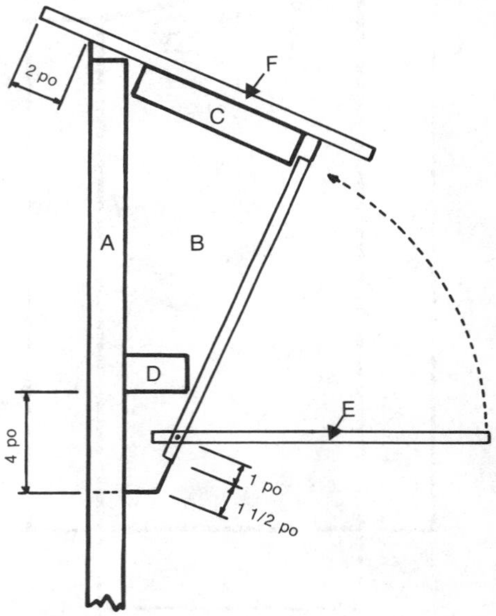

2 po

F

C

A

B

D

E

4 po

1 po

1 1/2 po

Assemblage:

1. Tracer la position des pièces C et D à l'intérieur des pièces B
2. Clouer les 2 pièces B à l'extrémité du 2 x 4 po (pièce A)
3. Insérer à l'intérieur, à leur position, les pièces C et D
4. Lorsque la pièce E sera fixée à l'aide de deux clous, elle devra être appuyée sur les pièces C et D (voir *Disposition interne des pièces*)
5. Pour terminer, fixer le toit (pièce F)
6. Ancrer le 2 x 4 po dans le sol

Note: Si la porte (pièce E) s'ouvre toute seule, fixer un petit crochet

Note: La largeur de la pièce E doit être la même que celle des pièces A, C et D

Perspective d'assemblage

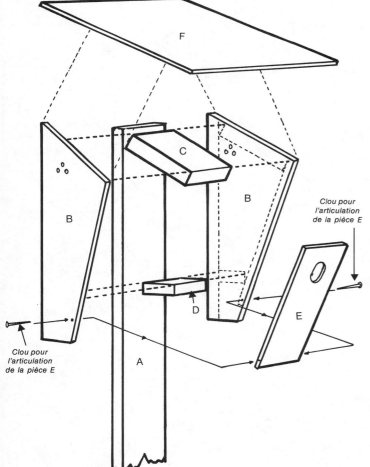

Débitage —
Contreplaqué de 1/2 po

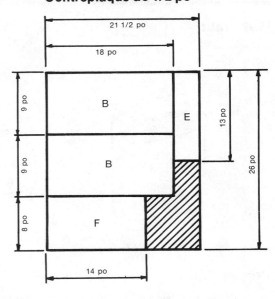

Pièce B

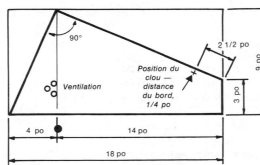

Pièce E

Pièce F

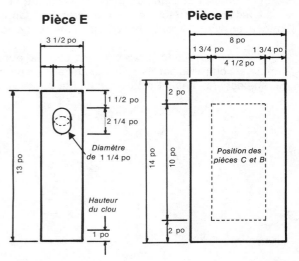

37

Le Contenant de plastique

Matériau:

Contenant de plastique

Préparation:

Découper à l'aide d'un bon couteau le dessous de la poignée en guise de bouche d'aération. Faites un trou de 1 1/2 po de diamètre sur le côté à 6 po du bas ou agrandissez l'ouverture du goulot à 1 1/2 po s'il se trouve sur le côté.

Percer quelques trous d'égouttement en dessous. Sabler et appliquer une ou deux bonnes couches de peinture plastique de couleur pâle.

Avec un peu d'habileté, vous pourrez vous fabriquer en bois des toits dont vous recouvrerez le contenant de plastique et que vous fixerez à l'aide de fil de fer.

À l'intérieur des toits, vous fixerez deux languettes de bois qui viendront s'appuyer contre les parois du contenant afin de permettre une circulation d'air qui empêchera l'habitat d'être surchauffé par le soleil de midi.

Chapitre trois
L'hirondelle bicolore

Pour l'amant de la vie au grand air désireux de voir se reproduire ce gracieux volatile auprès de sa maison, l'hirondelle bicolore représente l'équivalent du *guppy* pour l'amateur de poissons tropicaux.

Comme celui-ci ajoute silencieuse et vibrante harmonie à l'aquarium d'un foyer chaleureux, celle-là, au frisquet jardin printanier, apporte tropical exotisme, virtuoses voltiges, éclosion de vie culminée par le splendide essor d'une cellule familiale perpétuée.

Que de mots pourtant incapables de décrire tout le bonheur procuré par cette présence toute menue qui s'épanouit pour le plaisir des yeux de ceux qui l'ont souhaitée.

Le printemps ne s'est pas encore installé chez vous qu'elle, précédant toutes ses cousines de la même famille, vous gratifie d'une furtive apparition.

Par un revigorant matin ensoleillé, le couple, dans toute sa splendeur, gazouille sur le toit ou tout près du logis retrouvé. Vous venez à peine de le réinstaller. Est-ce bien celles qui y nichaient l'année dernière, ou des jeunes revenant au site qui les a vus naître?

Peu importe. L'important c'est qu'elles soient au rendez-vous pour qu'une fois de plus la fête puisse recommencer. Tous les jours ou presque, vos invitées vous paient de brèves visites avant d'entreprendre leurs excursions au loin dans la nature.

Désirez-vous vraiment la présence de l'hirondelle bicolore chez vous? Elle viendra certainement vous voir. Il faudra être patient au départ. Même si le couple a choisi son nichoir, la nidification n'en finit plus de démarrer.

L'hirondelle bicolore est certainement l'un de ces oiseaux nicheurs en cavité qui peut vous créer le plus de problèmes si vous ne disposez d'assez de loisirs pour l'assister dans son programme d'implantation dans votre entourage, en poliçant les nichoirs pour en éliminer les moineaux. Les sansonnets ont vite compris qu'ils ne peuvent s'introduire en la demeure.

Bien sûr, ces migratrices doivent récupérer des fatigues du voyage, et c'est un peu comme si elles réalisaient qu'il est trop tôt pour commencer la couvée. Les insectes volants ne pullulent pas encore et elles ne sont pas pressées de faire éclore de jeunes affamés qui mourraient de faim si l'apport de nourriture n'était pas suffisant. (Les pourprées agissent de la même façon.)

Donc elles folâtrent, batifolent et remettent à plus tard l'élaboration du nid. Le matin les retrouve au logis mais pour vite les voir partir vers les marécages où leur nourriture a plus de chance d'évoluer. Les moineaux ont donc tout le temps de faire leurs ravages. En un après-midi, un mâle moineau peut transporter un tel fouillis d'herbes et de paille que plus jamais ce lieu ne sera désirable pour une bicolore. Elle est très sélective, en effet, en ce qui concerne les matériaux qui habilleront sa future demeure. Des herbes fines séchées qui embaument, des plumes toujours blanches. Un vrai petit nid douillet, bien différent de l'informe amas qu'entasse le sédentaire. Mais les petits à peine éclos, l'habitation se transforme en taudis.

Les parents sont trop occupés à nourrir leurs gloutons, habituellement cinq par nichée, qu'ils n'ont pas le temps de vaquer aux soins du ménage; ils laissent donc s'accumuler les déjections de leurs petits. Rarement voit-on une bicolore repartir avec un sac fécal; c'est bon pour les pourprées, ces corvées-là.

C'est bien pourquoi nous vous suggérons un logis, *Le Multibecs* (page 43), où quatre jeunes peuvent en même temps solliciter leurs pourvoyeurs de parents.

Quand vous réalisez le temps que perd le couple à s'introduire puis à s'extirper du nichoir au temps où les jeunes sont le plus affamés, vous l'adopterez et ce sera plaisir parfois de voir une petite tête à chaque ouverture.

Du temps sauvé, car les parents n'en finissent jamais d'apporter la becquée, et leurs rejetons ne se décident pas à quitter le nid. Mais la décision prise, on ne les revoit plus, c'est un peu comme si ils en avaient assez d'avoir vécu en vase clos et qu'ils allaient s'émanciper dans le vaste monde.

En milieu de villégiature où le moineau est absent, nous vous conseillons *L'Ornementale*(p. 45.)Ses couleurs pourraient épouser celles de votre chalet.

L'ornementale, cette demeure de style aux jolies fioritures plaira aux bricoleurs qui manient la scie à découper avec dextérité.

Nous la voyons très bien ornant, dans un joli jardin, une pergola, une charmille ou une tonnelle qu'enjoliveraient des rosiers ou des chèvrefeuilles grimpants.

* * *

Agrémentez les arbres environnants en y suspendant aux branches un modèle tel *La Bicolore au jardin* (p. 48) aux mêmes couleurs assorties. Vous verrez comme c'est joli.

Ces maisons se balancent-elles un peu trop dans le vent? Installez au-dessous le même dispositif qu'au-dessus; attachez-y un poids plus lourd que la cabane. Finis le tangage et le roulis. Votre habitacle vogue en eau calme et les hirondelles bicolores le choisissent souvent au grand dam des écureuils qui s'en voient interdire l'accès.

Cependant, si vous optez pour des teintes pastel, il serait préférable d'utiliser un bois plus épais, qui ferait un meilleur isolant contre l'absorption de la chaleur.

Désirez-vous plutôt installer vos cabanes dans une région où le moineau est tenace? Adoptez donc *L'Antimoineau* (p. 49). Remplacez le bois peint ou non par du bois de grange vieilli ou de la dosse de cèdre, si disponible.

Installée dans la grande nature, cette cabane sera également en mesure d'accueillir le merle bleu.

N'oubliez pas de tailler à la scie des rainures à l'intérieur de la partie avant, sous l'entrée, pour faciliter la sortie aux parents et aux oisillons.

Idéalement, une bicolore choisira un logis de dimensions telles que décrites dans le plan de *L'Antimoineau*. Allez donc savoir pourquoi, mais l'expérience vous l'a appris.

L'ouverture permettant d'accéder au nichoir doit être placée en haut, la maison érigée à quelque 10 pi du sol, fixée à un poteau métallique de préférence, en territoire découvert et à proximité d'une nappe d'eau, s'il y en a une aux environs.

Attrayante et efficace, la demeure de la page 49 a fait ses preuves là où le moineau est omniprésent. Cependant il faut prendre bien soin de ne l'installer que lorsqu'on voit les hirondelles bicolores furetant joyeusement autour de la maison.

Avant que le moineau n'apprenne comment y pénétrer, les hirondelles bicolores auront mené la couvée à bon terme.

Mais de grâce, remisez la cabane aussitôt que les jeunes se sont envolés. Si vous la laissez en place tout l'hiver, au printemps suivant, les moineaux auraient pris l'habitude d'y pénétrer.

En milieu rural, *Le Nichoir de Perterson* (p. 36) fera aussi bien l'affaire, même s'il a été conçu en priorité pour le merle bleu.

Les moineaux étant absents du voisinage, on pourra se permettre des fantaisies telles que les cabanes *Au grand soleil* (p.51) *La Cabouse* (p. 54) *L'Église* (p. 57), en veillant toujours à en prohiber l'entrée aux sansonnets (l'ouverture ne doit jamais excéder 1 5/8 po de diamètre).

Si ce stratagème aussi avorte, utilisez les grands moyens. Notre ami Daniel Coulombe du Centre de conservation de la faune ailée expérimente avec succès le nichoir révolutionnaire qu'il a conçu et qu'il utilise depuis quelques années déjà, (voir *Le Coulombe*(p.42).

Son succès, il l'attribue à l'exiguïté du logis. Le moineau répugne à nicher dans un habitacle où il se trouve trop à l'étroit. Son nid à lui se veut le plus volumineux possible, et, même en vase clos, il tente de lui donner la forme d'une boule comme il le fait dans les arbres à l'extérieur.

Si, en guise d'assurance supplémentaire, vous placez ce nichoir à portée de la main, accroché au cadre d'une fenêtre, vous vous débarrassez presque à coup sûr de l'indésirable.

Cette mini-cabane, vous pouvez aussi la fixer sur un toit en pente, à condition que chats et écureuils n'y aient pas accès par des branches surplombantes.

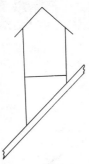

Une cabane à bicolore placée sur un toit en pente évincera presque à coup sûr les moineaux.

Rappelez-vous toujours de bien policer votre propriété et d'en chasser les moineaux par tous les moyens imaginables. Vous devez vous dire que la partie n'est jamais gagnée. N'installez jamais une résidence conçue avec beaucoup d'amour pour l'abandonner ensuite sans surveillance à son triste sort. Tôt ou tard, des indésirables s'en empareraient.

Si vous décidez d'intervenir et d'offrir asile à des espèces menacées, vous n'avez plus d'autre choix: il faut vous employer à plein temps à devenir un conservateur de l'écologie.

L'*Antimoineau* doublé de l'*Antichat*

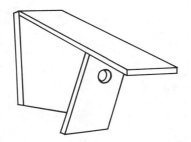

Je suggère fortement cette cabane à ceux qui veulent voir nicher des bicolores et qui ont des problèmes avec les chats et les moineaux.

Premièrement: Donner une bonne pente au toit, allant même tout près de 45° d'inclinaison en prenant bien soin de faire excéder le toit de la longueur de la patte d'un chat (un minimum de 6 po).

Le toit ne devra présenter aucune aspérité où pourrait s'arc-bouter le moineau, et l'arête au sommet devra être le plus lisse possible. Il est préférable de lui donner une forme arrondie et de la recouvrir de métal.

Les moineaux ne sont pas des acrobates comme les mésanges. C'est donc en tenant compte de tous ces facteurs que cette cabane a été conçue.

Le Coulombe

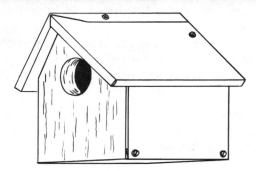

Matériaux:

Seul le devant de la cabane est en contreplaqué de 3/4 po. Les autres pièces sont en feuille d'aluminium.

Dimensions:

Longueur: 5 po
Hauteur totale: 6 1/4 po
Longueur du toit: 6 po
Largeur: 3 3/4 po
Grandeur de l'ouverture: 1 1/2 po
Distance entre la base et l'ouverture: 3 po
Largeur des pans du toit: 4 1/2 po et 5 1/4 po

Note: ne pas oublier les trous d'aération!

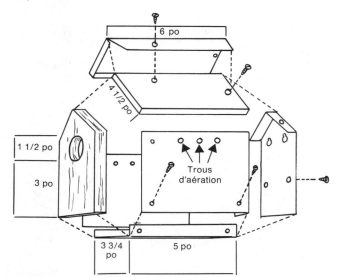

Le Nichoir pour la bicolore des villes

Savez-vous vous servir d'une scie à découper? Choisissez un beau morceau de cèdre, sain et sans aucune faille ou fissure de 6 1/2 po de hauteur sur 5 1/2 po.

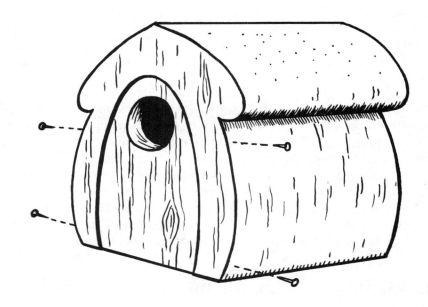

Matériaux

Morceau de cèdre 6 1/2 x 5 1/2 x 6 po
Planche 5/16 x 17 x 6 po
Clous à finir 1 1/2 po

Assemblage

Dans la plus grande dimension, dessinez, à l'aide de la matrice (A), cette forme. Puis découpez-la à l'aide d'une mince scie électrique à ruban.

Dans de la planche de 5/16 po d'épaisseur, taillez un devant et un derrière en vous servant de l'intérieur de la même matrice (B). Dans la partie avant, percez une ouverture de 1 1/2 po de diamètre à 1/2 po à partir du haut de la pièce.

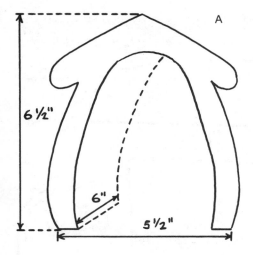

A

6 ½"

6"

5 ½"

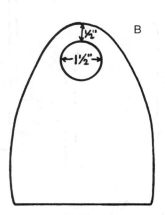

B

½"

1½"

La forme recourbée du toit de ce nichoir a un effet aérodynamique, ce qui donne peu de prise au vent.

En outre, l'aération y est excellente. Cela est dû à l'ouverture située entre la pièce B et le toit: le vent suit la courbe du toit à l'intérieur.

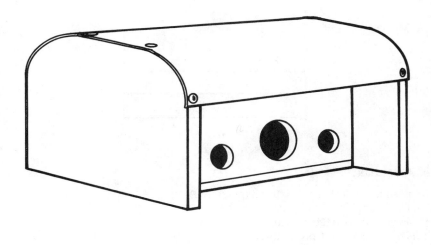

Façade

Clouez, à l'aide de clous à finir de 1 1/2 po le devant et le derrière. Fabriquez-vous un fond qui pourra s'insérer à l'intérieur de cette forme.

Deux seuls petits clous le fixeront, posés de chaque côté de la forme principale, l'un posé à l'avant à gauche, l'autre à l'arrière à droite, ou vice versa. Ce dispositif favorisera le nettoyage après chaque nichée.

Fixez à côté d'une fenêtre avec un petit angle métallique. Le moineau est bien trop malin pour envahir cet endroit. Pour l'hirondelle bicolore, c'est une résidence de choix.

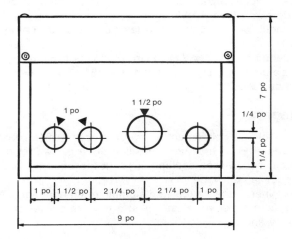

1 po   1 1/2 po

7 po

1/4 po

1 1/4 po

1 po | 1 1/2 po | 2 1/4 po | 2 1/4 po | 1 po

9 po

Profil

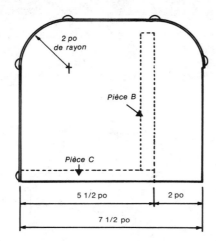

2 po
de rayon

Pièce B

Pièce C

5 1/2 po   2 po

7 1/2 po

Perspective d'assemblage

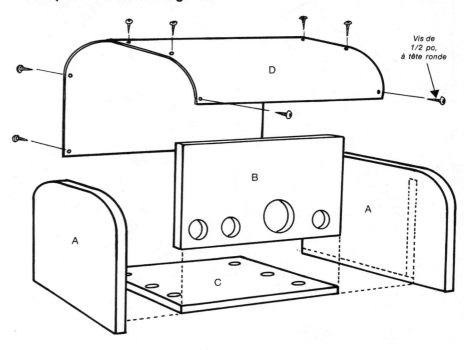

D

Vis de
1/2 po,
à tête ronde

B

A

A

C

Matériaux:

Contreplaqué de 1/2 x 14 x 16 po (pièce A, B, C)
Feuille d'aluminium de 9 x 16 1/2 po (pièce D)
10 vis de 1/2 po, à tête ronde.
2 vis numéro 10 de 1 po, à tête ronde.

Énumération des pièces:

A. 2 pièces de contreplaqué de 7 x 7 po. Arrondir les deux coins supérieurs à 2 po de rayon (voir *Profil*)
B. Contreplaqué de 6 x 8 po. Faire les trous avec un emporte-pièce (voir *Façade*)
C. Contreplaqué de 5 1/2 x 8 po. Faire quelques trous d'égouttement
D. Feuille d'aluminium. Dimension de 9 x 16 1/2 po. Percer, à l'aide d'un poinçon quelques trous pour vis à 1/4 po du bord

Assemblage:

Visser ou clouer solidement les deux pièces A à la pièce C. Les illustrations *Façade* et *Profil* indique la position de la pièce C et de la pièce B.

La pièce B sera vissée seulement par le dessous de la C. Cela facilite l'ouverture pour le nettoyage.

Pour terminer, visser la feuille d'aluminium en commençant à l'avant de la résidence, courber et visser au fur et à mesure sur les pièces A. Couper l'excédent s'il y en a.

**Débitage —
Contreplaqué de 1/2 po**

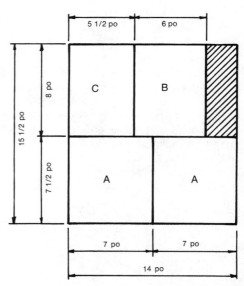

5 1/2 po   6 po

8 po

C   B

15 1/2 po

7 1/2 po

A   A

7 po   7 po

14 po

L'Ornementale pour bicolore

Voici une résidence tout en bois avec ouverture pour le nettoyage sur le dessus.

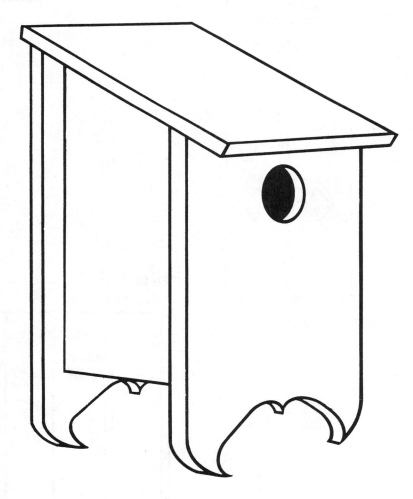

Matériaux:

Contreplaqué ou pin de 1/2 x 12 x 34 po (pièces A, B, C, D, E, F)
2 charnières de 1/2 po de largeur x 1 1/2 po de longueur
Clous de 1 po

Énumération des pièces:

A. Contreplaqué de 7 x 15 po. Couper une extrémité en biseau à 30 degrés (voir illustration)
B. Contreplaqué de 7 x 11 3/4 po. Couper une extrémité en biseau à 30 degrés (voir illustration)
C. 2 pièces de contreplaqué de 5 x 11 1/4 po (voir illustration)
D. Contreplaqué de 5 x 5 po. Percer quelques trous pour l'égouttement
E. Contreplaqué de 2 x 7 po. Couper un des grands côtés en biseau à 30 degrés (voir illustration)
F. Contreplaqué de 7 x 7 po

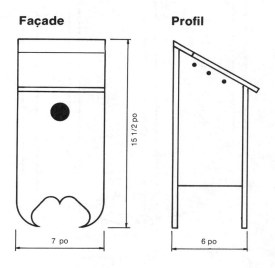

Façade   **Profil**

15 1/2 po

7 po   6 po

Assemblage

1. Clouer la pièce D entre les deux pièces C
2. Clouer la pièce B sur les deux pièces C
3. Clouer les deux pièces C à la pièce A
   Cette dernière doit excéder de 1/2 po de chaque côté
4. Clouer la pièce E sur la pièce A
5. Fixer les charnières aux pièces E et F

45

Perspective d'assemblage

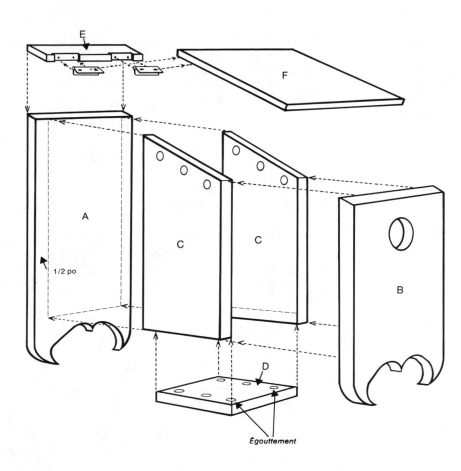

Pièce A

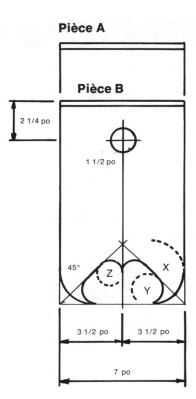

Pièce B

2 1/4 po

1 1/2 po

45°

Z   X

Y

3 1/2 po   3 1/2 po

7 po

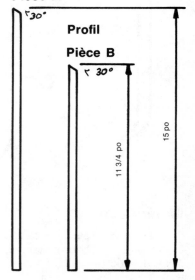

Profil
Pièce A

30°

Profil
Pièce B

30°

11 3/4 po

15 po

Profil — Pièce A et Pièce B

Ces deux pièces sont en quelques points identiques. Les parties supérieures des pièces sont taillées en biseau à 30 degrés et les courbes du bas sont parfaitement identiques. Donc placer les deux pièces l'une par-dessus l'autre pour le découpage. Tracer deux traits à 45 degrés à partir de chaque coin et se servir de gabarits en carton préalablement coupés pour tracer les trois courbes:

X diamètre 4 po.
Y diamètre 1 3/4 po.
Z diamètre 1 1/2 po.

Pièce C

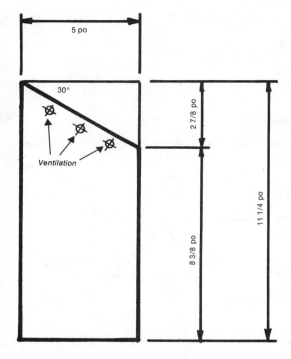

Pièce E

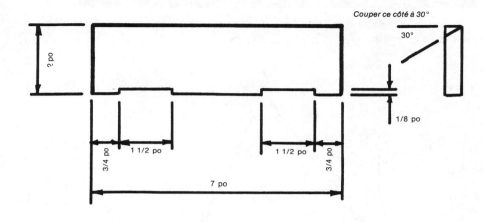

Débitage — Contreplaqué de 1/2 po ou pin

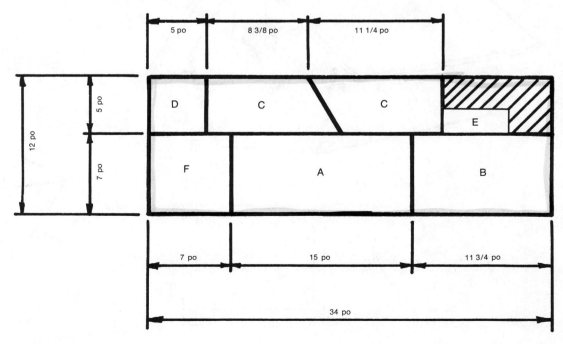

47

La Bicolore au jardin

Cette petite maison suspendue est le fruit du mariage de deux matériaux: le bois et l'aluminium.

Façade

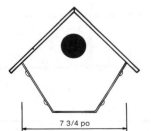

7 3/4 po

Profil

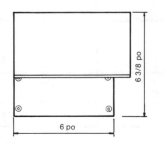

6 3/8 po

6 po

Matériaux:

Pin de 1/2 x 6 1/2 x 13 po (pièces A, B)
Feuille d'aluminium de 6 x 9 1/2 po (pièces C, D)
Feuille d'aluminium de 7 x 11 po (pièce E)
12 vis de 1/2 po, à tête ronde, ou plus
2 crochets
Corde
Silicone

Énumération des pièces:

A. Planche de pin taillée en pentagone selon le patron à la page suivante
B. Pièce jumelle de la précédente (sans ouverture)

Perspective d'assemblage

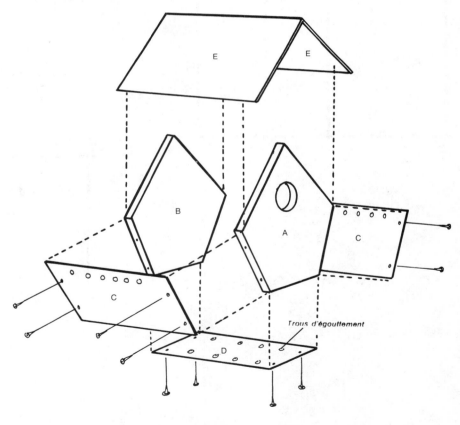

Trous d'égouttement

C. Feuille d'aluminium. 2 pièces de 3 1/2 x 6 po chacune. Faire 2 trous à chaque côté à 1/4 po du bord, pour vis de fixation
Note: Faire quelques trous d'aération
D. Feuille d'aluminium de 2 1/2 x 6 po. Faire 2 trous à chaque extrémité à 1/4 po du bord, pour vis de fixation
Note: Faire quelques trous d'aération.
E. Feuille d'aluminium. Dimension totale de 7 x 11 po
Tracer une ligne, au centre plier

Pièces A et B

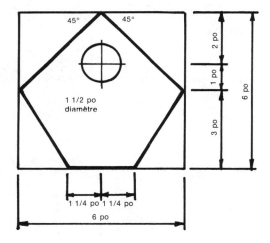

Assemblage:

1. Visser les pièces C de chaque côté des pièces A et B
2. Visser en dessous la pièce D. C'est par cette pièce qu'on fera le nettoyage
3. Visser en place la pièce E, et, lorsque l'angle épousera les pièces A et B, la coller solidement avec du silicone
4. Percer un petit trou dans le toit aux sommets des pièces A et B et visser les petits crochets solidement. Puis installer les cordes

L'Antimoineau

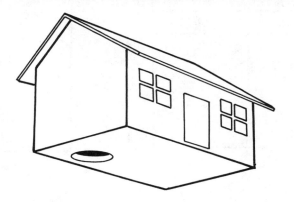

Matériaux:

Contreplaqué de 1/2 x 10 x 12 po (pièces A, B, C)
Feuille d'aluminium de 9 1/2 x 17 1/2 po (pièces D, E)
4 vis numéro 10 de 1/2 po, à tête ronde
Clous
Silicone ou époxy

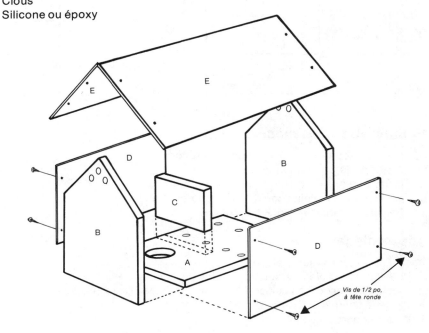

Pièce A

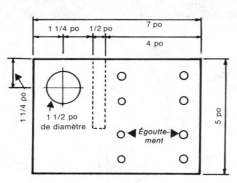

1 1/4 po | 1/2 po | 7 po | 4 po | 5 po | 1 1/4 po | 1 1/2 po de diamètre | Égoutte-ment

Pièce B

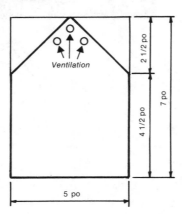

Ventilation | 2 1/2 po | 7 po | 4 1/2 po | 5 po

Débitage — Aluminium

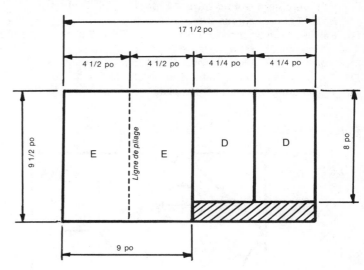

17 1/2 po | 4 1/2 po | 4 1/2 po | 4 1/4 po | 4 1/4 po | 9 1/2 po | Ligne de pliage | E | E | D | D | 8 po | 9 po

Pièce D

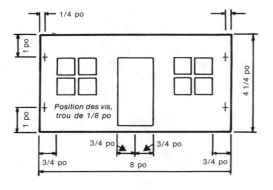

1/4 po | 1 po | 4 1/4 po | 1 po | Position des vis, trou de 1/8 po | 3/4 po | 3/4 po | 3/4 po | 8 po | 3/4 po

Fenêtre

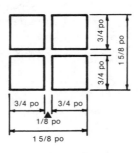

3/4 po | 1 5/8 po | 3/4 po | 3/4 po | 3/4 po | 1/8 po | 1 5/8 po

Débitage (suite) — Contreplaqué de 1/2 po

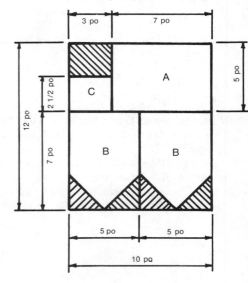

3 po | 7 po | 5 po | 12 po | 2 1/2 po | C | A | 7 po | B | B | 5 po | 5 po | 10 po

Énumération des pièces:

A. Contreplaqué de 5 x 7 po (voir illustration)
B. 2 pièces de contreplaqué de 5 x 7 po
C. Contreplaqué de 2 1/2 x 3 po
D. 2 pièces d'aluminium de 4 1/4 x 8 po (voir illustration)
E. Feuille d'aluminium de 9 x 9 1/2 po

Assemblage:

1. Clouer la pièce C sur la pièce A
2. Voir illustration pièce A pour la position de la pièce C.
3. Clouer les pièces B à la pièce A et visser les pièces D aux pièces B
4. Visser le toit (pièce E) au silicone
5. Dessiner portes et fenêtres

Au grand soleil

Comme le tiroir d'une commode qu'on tire vers l'extérieur et que l'on remet en place, ce nichoir sera facile à nettoyer. Et, à la saison morte, il peut rester ouvert, ce qui empêchera les moineaux de s'en accaparer.

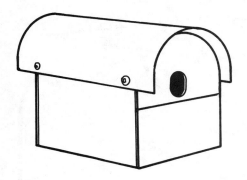

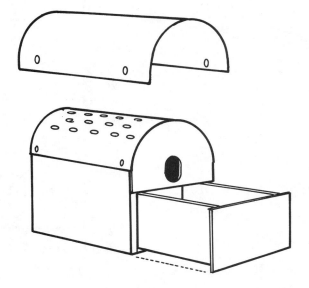

Façade

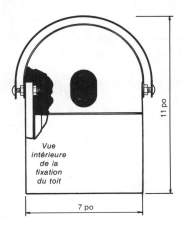

Vue intérieure de la fixation du toit

11 po

7 po

Profil

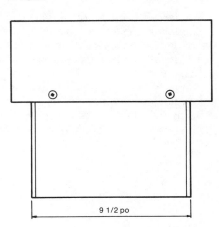

9 1/2 po

Matériaux:

Contreplaqué ou pin de 1/2 x 9 x 28 po (pièces A, B, H)
Masonite de 1/4 x 13 x 21 po (pièces C, D, G, I, J)
Feuille d'aluminium de 15 x 22 po (pièces E, F)
4 vis de 1/4 po, à tête ronde
8 boulons de 1/4 po
Clous de finition de 1 po

Énumération des pièces:

A. Contreplaqué de 6 x 9 po
B. 2 pièces de contreplaqué de 7 x 9 po (voir illustration)
C. Masonite, dimension de 5 1/2 x 7 po (voir illustration)
D. Masonite, dimension de 7 x 10 1/2 po (voir illustration)
E. Feuille d'aluminium, dimension de 9 1/2 x 13 po (voir illustration)
F. Feuille d'aluminium, dimension de 12 x 14 1/2 po (voir illustration)
G. Masonite de 5 7/8 x 9 po
H. 2 pièces de contreplaqué de 4 x 9 po
I. Masonite, dimension de 4 15/16 x 7 po
J. Masonite, dimension de 4 1/4 x 5 7/8 po

Assemblage:

Clouer la pièce A entre les deux pièces B

Clouer la pièce C à 5 po en laissant une ouverture de 5 po jusqu'à la base de la maison (pièce A) et la pièce D à l'autre bout

L'illustration des deux feuilles d'aluminium démontre la position des vis et des boulons

Rabattre les deux feuilles d'aluminium en même temps et visser les 4 autres boulons à l'intérieur

Assembler le tiroir. Si ce dernier s'insère de façon trop juste, sabler ou appliquer de la cire. Une poignée peut toujours être utile (la visser très bas)

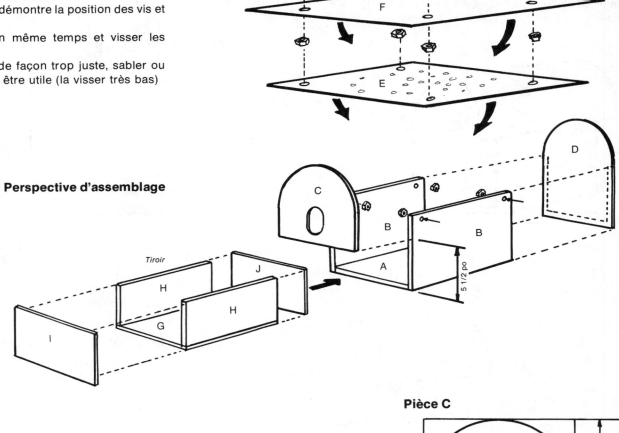

Perspective d'assemblage

Pièce B

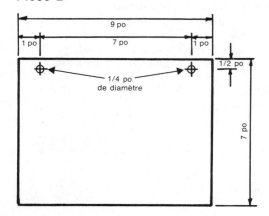

Pièce C

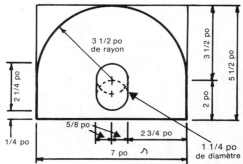

Pièce D

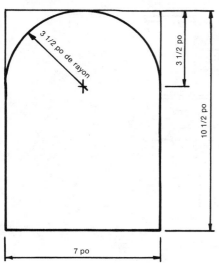

3 1/2 po de rayon

3 1/2 po

10 1/2 po

7 po

Pièce E

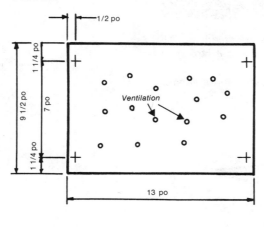

1/2 po

1 1/4 po

9 1/2 po

7 po

1 1/4 po

Ventilation

13 po

Pièce F

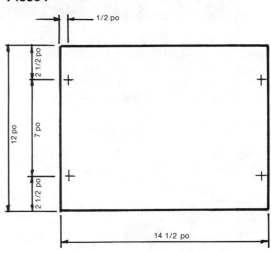

1/2 po

2 1/2 po

12 po

7 po

2 1/2 po

14 1/2 po

Débitage — Contreplaqué ou pin

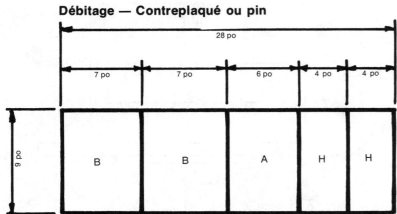

28 po

7 po   7 po   6 po   4 po   4 po

9 po

B   B   A   H   H

Masonite

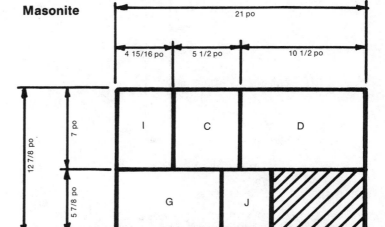

21 po

4 15/16 po   5 1/2 po   10 1/2 po

12 7/8 po.

7 po

5 7/8 po

I   C   D

G   J

9 po   4 1/4 po

53

La Cabouse

Les trains qui parcouraient nos campagnes autrefois traînaient ce joli wagon de queue. Réminiscence d'un temps révolu, il ramènera peut-être chez vous le merle bleu de vos souvenirs.

Placez cette cabane à hauteur des yeux. Visitez-là tous les jours si possible. Chassez-en moineaux et sansonnets, et bon voyage!

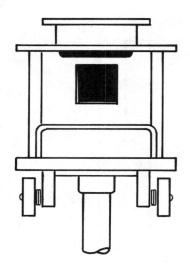

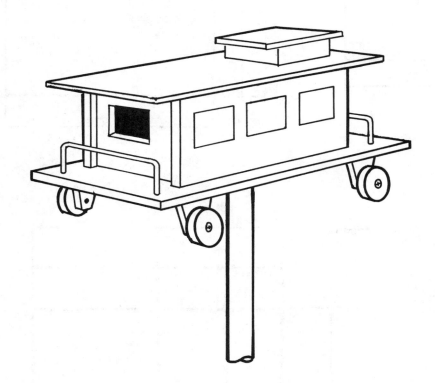

1 bloc en pin de 3/4 x 3 x 3 po (pièce B)
1 bride de plancher, galvanisée
6 pi de tuyau de 1 po galvanisé avec extrémité filetée.
4 vis pour bride (3/4 po)

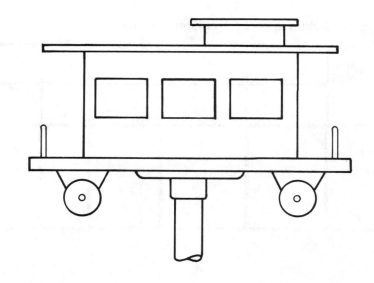

Matériaux:

Contreplaqué de 1/2 x 12 x 16 1/2 po (pièces D, E, F, G, I, J)
Masonite de 1/4 x 6 x 16 po (pièces A, C)
Tige d'aluminium ou de cuivre de 1/4 x 16 po (pièces H)
4 vis n° 10 de 1 po, à tête ronde.
8 rondelles perforées (washers)
4 po de Velcro de 1/2 po de largeur

Énumération des pièces:

A. Masonite de 1/4 x 4 x 4 po (finition noire)
B. Pin de 3/4 x 3 x 3 po (finition rouge)
C. Masonite de 1/4 x 6 x 11 po (finition noire)
D. Contreplaqué de 1/2 x 4 x 8 po (2 fois)
E. pièce de 4 x 4 po (découpez la fenêtre)

F. 1 pièce de 4 x 4 po
g. Contreplaqué de 6 x 12 po
H. 2 tiges d'aluminium ou de cuivre de 1/4 x 7 1/2 po chacune.
I. 4 pièces de contreplaqué de 1 1/2 po.
J. 4 rondelles de contreplaqué de 1 1/2 po de diamètre fabriquées dans les retailles du débitage

Assemblage:

1. Fixer les quatre pièces I avec leurs roues
2. Assembler E, D et F puis les clouer sur la pièce G
3. Clouer ensuite A, B et C ensemble et relier au reste avec du Velcro. Cela permettra d'en faire le nettoyage facilement
4. Pour finir fixer par en dessous la bride de plancher et le tuyau galvanisé (dans le sol)

Pièces D et E

Le carreau du centre de la pièce E sera découpé pour permettre à l'oiseau d'entrer

Pour peindre les autres carreaux (en gris) utiliser du ruban adhésif en guise de masque

Tracer des lignes et appliquer autour. Peindre ensuite

Pièce F

Même technique que D pour le carreau gris

Perspective d'assemblage

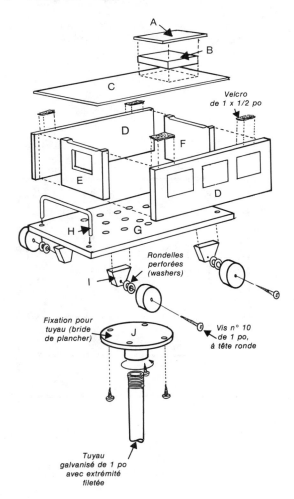

Pièces D

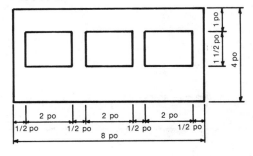

Pièce E

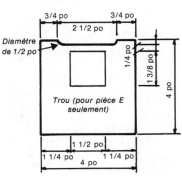

55

Pièce G

Les lignes pointillées indiquent l'emplacement des pièces E, F et D

Méthode de pliage de la pièce H

Coincer la tige entre un bloc de 4 po de largeur et un étau. Laisser dépasser la tige de 1 1/2 po de chaque côté et plier vers le bloc avec un marteau

Méthode de pliage de la pièce H

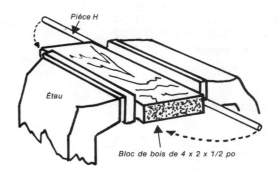

Pièce H

Étau

Bloc de bois de 4 x 2 x 1/2 po

Pièce G

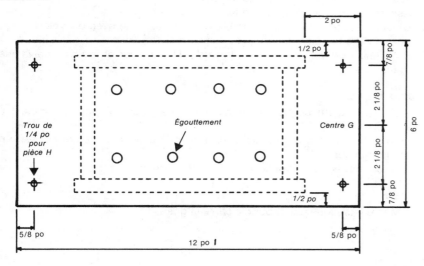

2 po

1/2 po

7/8 po

2 1/8 po

Centre G

6 po

2 1/8 po

7/8 po

Trou de 1/4 po pour pièce H

Égouttement

5/8 po

1/2 po

5/8 po

12 po

Débitage

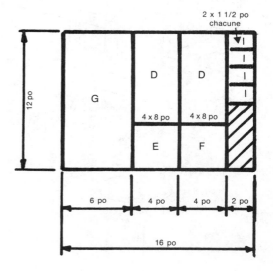

2 x 1 1/2 po chacune

12 po

G

D

D

4 x 8 po

4 x 8 po

E

F

6 po

4 po

4 po

2 po

16 po

Pièce H

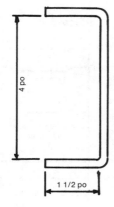

4 po

1 1/2 po

Pièce I

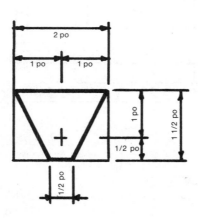

2 po

1 po

1 po

1 po

1 1/2 po

1/2 po

1/2 po

56

L'Église

Voici du vrai bricolage! Les difficultés qu'on aura à rencontrer sont la confection du clocher et de l'ouverture pour oiseau. On peut en changer la forme si cela devient trop compliqué.

Façade

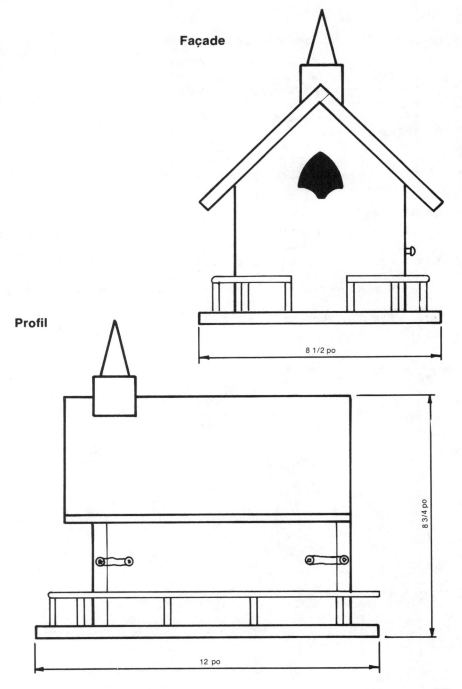

8 1/2 po

Profil

8 3/4 po

12 po

Remarque:

La maison illustrée ci-contre est fixée à un poteau. On peut aussi la fixer à un arbre ou à une clôture.

Matériaux:

Contreplaqué de 1/2 x 17 x 28 po (pièces A, B, C, D, E)
Tige de bois de 1/4 x 45 po (pièce G)
Bloc en pin de 1 1/2 x 1 1/2 po x 3 1/2 po de longueur (pièce F)
4 vis à tête ronde de 3/4 po
2 petits élastiques
Clous
Fil de laiton

Énumération des pièces:

A. 2 pièces de 6 x 7 1/2 po. Tailler deux pièces identiques à l'exception de l'ouverture sur l'une des deux (voir illustration)
B. 2 pièces de 4 x 8 po. C'est par une des deux pièces que le nettoyage se fera
C. 8 1/2 x 12 po (voir illustration)
D. 1 pièce de 6 x 10 po
E. 1 pièce de 5 1/2 x 10 po
F. Clocher: pin de 1 1/2 x 1 1/2 x 3 1/2 po
G. 12 petites tiges de 1 1/2 po; 2 tiges moyennes de 1 3/4 po; 2 grandes tiges de 11 1/2 po

Assemblage:

1. Clouer par en dessous de la pièce C les pièces A et une seule pièce B. L'autre doit être amovible pour le nettoyage
2. Clouer ensuite le toit (pièces D et E) sur les pièces A. Faire en sorte que les pièces B ne touchent pas à E et D, ceci pour l'aération. Coller le clocher à environ 1 po du bord. Comme l'illustration le démontre, une des

Perspective d'assemblage

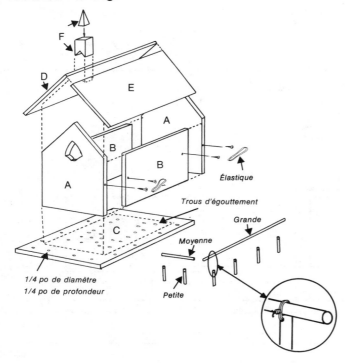

deux pièces B sera fixée avec des vis et deux élastiques permettant un accès facile à l'intérieur de la maison
3. La rampe doit être assemblée après que les petites tiges ont été insérées dans leurs trous respectifs. Aligner les petits trous au sommet des petites tiges perpendiculairement avec la grande tige. Passer le fil de laiton dans le trou et fixer solidement.

Pièce A

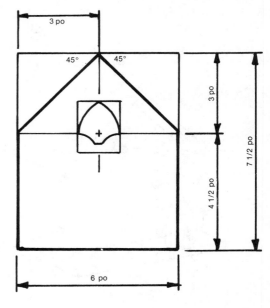

Ouverture de la pièce A:

Percer un trou et découper à l'aide d'une petite scie.

Ouverture de la pièce A

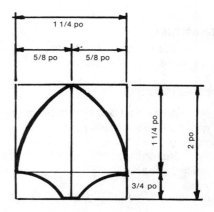

Piège G — Fixation:

Percer un petit trou au bout de chaque petite tige. Enrouler autour de l'autre avec du fil de laiton

Pièce C:

Les lignes pointillées indiquent la position des pièces A et B

Percer 12 trous de 1/4 po tout le tour à travers la pièce. Même chose pour l'égouttement

Pièce F — Clocher:

Voici la pièce de résistance. Cette pièce est illustrée en deux parties mais on peut la fabriquer en une seule à l'aide d'une petite scie à découper

Pièce F — Clocher

Pièce C

Débitage

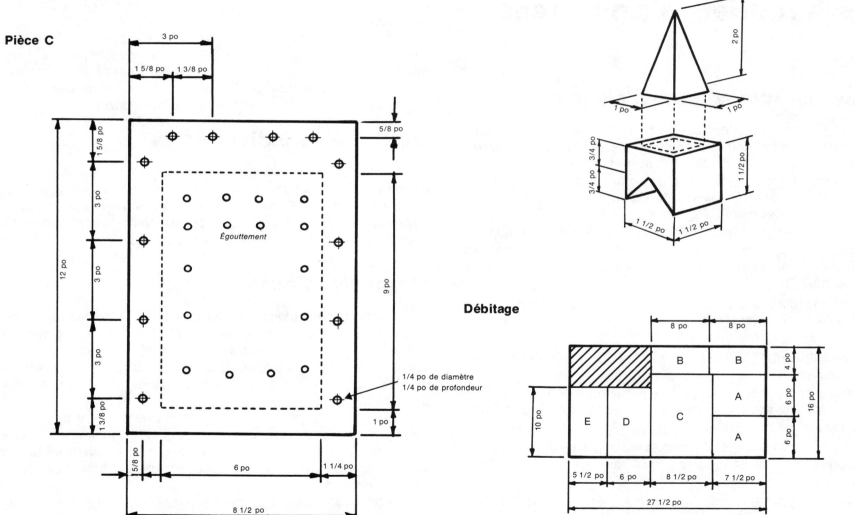

Chapitre quatre
Les hirondelles pourprées

Héberger une colonie d'oiseaux

Le rêve de tout bricoleur qui bâtit des nichoirs d'oiseaux, c'est d'héberger un jour une colonie de ces hirondelles noires. On les appelait, jusqu'à tout récemment, "hirondelles pourprées" à cause des reflets irisés qu'on peut voir au soleil sur le plumage de jais du mâle adulte. Cette appellation leur est sans doute venue de leur nom anglais, *Purple Martin*.

Une chose que l'expérience nous a apprise: On est toujours trop ambitieux quand on élabore un projet de logis pour ces oiseaux. On veut construire douze, vingt-quatre logis, même plus, ou rien du tout!

Quand vient le temps de fixer cette masse au bout d'un mât, tous les livres publiés chez nous, sans exception, conseillent d'utiliser des équerres.

L'on n'a oublié qu'une chose: l'accès au logis pour en évincer les intrus. Le poteau qui supporte la maisonnette n'a pas été prévu pour qu'on y appuie une échelle où peut grimper un adulte, et il est difficile de trouver un escabeau de cette hauteur. On se résout au mât à bascule.

Va pour le nettoyage d'automne mais, pour évincer l'indésirable, on ne réussit chaque fois qu'à faire une omelette avec tout ce que les nids peuvent contenir d'oeufs.

C'est un problème auquel les bricoleurs sont confrontés depuis toujours.

Alors que faire? D'abord il faut penser petit, par exemple, voyez *La Petite Économique* p. 66.

Accessibles en tout temps

Un système d'élévation et d'abaissement à volonté se révèle très important afin d'avoir accès aux logis très rapidement.

Notre ami Bernard Lemay, à qui nous avons soumis le problème, nous a proposé une solution fort simple pour faire monter et descendre. Cette façon de faire est réaliste et réalisable économiquement. C'est pourquoi tous nos plans sont munis de poulies. Voir *Le Condo en deux litres* p. 76.

Des entrées individuelles

Autant que possible, chaque logis doit être accessible indépendamment. Sinon, vous devez déranger tous les étages si vous avez des troubles au premier ou au dernier. Il faut prévoir ces situations si l'on ne veut pas perdre sa colonie quand on l'a acquise à force de patience et d'expérience.

Caractéristiques nouvelles

D'abord, on a placé l'entrée de nos logis de façon excentrique, ce qui en laisse toute une partie dans l'ombre. On ne peut pas voir à l'intérieur, et les oiseaux peuvent s'y dissimuler. Nous sommes parvenus à cette décision en remarquant que les logis de nos condominiums où nous pouvions avoir vue étaient délaissés.

On a aussi changé la forme de l'ouverture. On a toujours conseillé une ouverture de 2 1/2 po. Mais plusieurs oiseaux s'empressent d'élever un muret de boue pour en obstruer le bas souvent jusqu'à mi-hauteur. Une ouverture si haute n'est donc pas nécessaire.

Nous avons aussi souvent remarqué que les jeunes, après la vingtième journée de leur existence au nid, aiment à passer la tête à la porte, deux ou trois en même temps. C'est pourquoi nous vous conseillons de pratiquer une ouverture assez large dans les demeures pour pourprées.

Les dimensions idéales sont donc de 1 1/2 po de haut sur 2 1/2 po de large.

Une ouverture de ce genre placée à pas plus de 3/4 po du fond de la cabane éliminera quasi complètement ces amoncellements de boue et de feuilles qu'élèvent les oiseaux pour rétrécir l'entrée. Du nettoyage en moins pour nous et une économie de travail pour les oiseaux!

Économie de temps aussi pour les utilisateurs et pour les propriétaires qui doivent nettoyer leurs logis en automne, au moment du grand départ pour le Sud.

Cet élément, *l'entrée*, peut devenir déterminant quand il s'agit de fixer définitivement son choix, et ce sera peut-être pourquoi une colonie s'établira chez vous.

La tragédie: une maison sans garde-fou

Si le nid est infesté de poux, les jeunes ont tendance à vouloir le quitter trop tôt. Ils s'aventurent sur le balcon. Vous éviterez bien des accidents en munissant ce dernier de rampes protectrices.

Les jeunes aiment aussi déambuler sur le balcon et il y a toujours un adulte prêt à les pousser en bas afin de leur donner la première leçon de vol.

Il faut bien se rappeler qu'une hirondelle au sol ne sera pas nourrie par ses parents. Elle est vouée à une mort certaine si vous ne pouvez la remettre au nid, mais ce faisant, vous risquez d'en faire envoler d'autres prématurément.

Pour des raisons de clarté, les garde-fous n'ont pas été dessinés sur les plans de pourprées que nous vous présentons. Pour les construire, utilisez les petites tiges de bambou que l'on trouve dans les magasins de jardinage.

Les perchoirs

Si les perchoirs sont à proscrire pour tous les logis unifamiliaux destinés aux autres oiseaux, il n'y en a jamais assez dans le cas des pourprées.

De grandes tiges de bambou fixées aux balcons et excédant de chaque côté feront des perchoirs appropriés. D'autres perchoirs de bambou peuvent être fixés au toit. Pour les mêmes raisons que précédemment, les perchoirs n'ont pas été dessinés sur les plans de nichoirs pour hirondelles pourprées.

Parlons installation

On possède la maison rêvée. Le système pour l'élever ou l'abaisser, quand bon nous semble, fonctionne bien.

Quand reviennent les oiseaux, au printemps, les logements occupés les premiers sont toujours ceux qui sont le mieux orientés et le mieux abrités: c'est-à-dire ceux dont les étages supérieurs sont sous le rebord du toit et donnent vers l'ouest, le soleil couchant, et ceux que visite le zéphyr. Il nous est permis de croire que ce sont les mâles éclaireurs qui reviennent toujours les premiers et au même endroit, afin de réserver pour eux ces logements de choix.

La piste d'envol

Mais ce qui, de prime abord, a motivé le choix de cette maison plutôt qu'une autre, c'est *l'orientation de sa piste d'envol*. L'aire d'atterrissage est bien moins importante pour ces oiseaux que le tremplin qu'emprunteront les petits quand ils s'escrimeront dans le ciel pour la première fois.

Une cabane érigée sur un terrain en surplomb intéressera au plus haut point les futurs locataires. Ce sera plaisir de les voir se laisser choir, planer, esquisser une glissade sur l'aile, se rétablir d'un virage amorcé en catastrophe, enfin, se comporter exactement comme devraient se comporter des néophytes en situation d'apprentissage.

Et le manège se répétera sans fin. Le plongeon d'un futur parent sera répété par toute l'assemblée présente, avec force encouragements vocaux, variantes de parades face aux obstacles en présence.

Ces jeux dureront des jours, tout le temps nécessaire pour le conditionnement à la procréation. Ces volatiles arrivent d'un voyage de vingt mille kilomètres: dix à l'aller, pour atteindre la région de Sao Jose do Rio Preto au Brésil, où ils n'ont eu que quelques semaines pour récupérer et muer, et dix au retour.

La mue n'est pas encore terminée lorsque les couples d'adultes nous arrivent. On les reconnaît à la couleur des mâles. Ce seront rarement eux qui éliront domicile dans un nouveau logis. Ils se hâtent de revenir au foyer qui les a abrités l'année précédente, souvent un bon mois avant de commencer les travaux de nidification.

Les jeunes arrivent plus tard

Quand leur progéniture de l'année précédente apparaîtra à son tour, quelques semaines plus tard, les plus forts et les plus belliqueux s'accapareront des logis encore disponibles dans la maison mère. Le surplus, comme les abeilles, essaimera. Ce sont, presque toujours, tous des juvéniles qui s'établissent pour la première fois dans une nouvelle colonie, cela se passe habituellement à la fin mai, parfois en juin. C'est d'ailleurs un 24 juin que s'est établie notre colonie. Il n'y avait aucun logis de disponible aux alentours et ces hirondelles cherchaient depuis au moins un mois.

Les oiseaux ont égayé notre vie

Il y aura six ans ce printemps que, après tant d'années d'attente, la première de nos pourprées s'est décidée à venir loger chez nous.

Enfin, la réussite nous sourit. Ces oiseaux avaient choisi les conditions de vie que nous leur offrions et qui enfin leur plaisaient.

Au début, notre colonie se chiffrait à onze individus, des laissés pour compte d'une colonie surpeuplée; cinq couples et un ou une non choisie — tous ou toutes des juvéniles au plumage identique. En automne, trente et un oiseaux s'alignaient sur les fils téléphoniques d'en face: une moyenne de quatre petits par couple.

Une progression géométrique

Au printemps, nos hirondelles nous revenaient au nombre d'une vingtaine: les deux tiers de celles qui nous avaient quitté. Ces quelque dix couples nous ont donné environ quarante petits, pour un total de soixante oiseaux à peu près en automne.

La troisième année nous en ramenait une vingtaine de couples, et ils repartirent à peu près cent vingt. Le printemps de la quatrième année nous vit accueillir une quarantaine de ménages. Ils repartirent à plus de deux cents. La cinquième année, quelque soixante-quinze couples nous donnèrent bien trois cents petits, ce qui amenait la population totale à près de cinq cents en tout. Les deux tiers de ce nombre nous reviendront ce printemps. Ils seront quelque cent cinquante couples qui, à moins d'une catastrophe écologique, nous feront approcher de notre but: une colonie de mille individus à nous quitter pour le Brésil, cet automne. C'est l'objectif que nous nous sommes fixé.

L'an prochain, nous laisserons le surplus aller s'établir dans les colonies environnantes car nous n'installerons plus de logements nouveaux. Nous aurons prouvé que, dans un environnement choisi, après que les moineaux et les sansonnets ont été évincés des lieux, une espèce peut être rétablie, et nous entendons prouver la même chose éventuellement avec les merles bleus.

Une maison demeure déserte

Que faire si un nichoir ne trouve pas preneur? Il faut alors le déplacer, expérimenter ailleurs, et surtout ne jamais se décourager.

Cependant, il ne faut jamais changer l'emplacement d'une maison quand elle est déjà occupée. Un printemps, un de nos sorbiers de l'oiseleur qui montait en orgueil envahissait outrageusement les abords de l'un des condominiums. Les écureuils montraient des velléités d'invasion. Voulant prévenir les troubles, puisque nous ne pouvions déplacer l'arbre, nous en avons éloigné l'habitation d'une vingtaine de pieds.

Tenter d'expliquer ce qui s'ensuivit est difficile pour des humains. Cinq ou six couples étaient déjà très avancés dans leur nidification. Il fallait les voir faire du vol sur place, comme des sternes, des crécerelles ou des martins pêcheurs, à l'endroit exact qu'occupait précédemment leur demeure. Nous nous surprenions à leur faire de grands gestes. Nous voulions leur dire: "Elle est là, votre maison, tout à côté." Pas un seul couple ne se montra assez intelligent pour la retrouver.

Un phénomène similaire s'était produit le jour où, déplaçant d'un ou deux pieds l'abreuvoir à colibri afin de mieux le voir lorsque nous étions assis à la table de la salle à manger, les oiseaux ne le retrouvèrent plus. Mais leur instinct le leur fit retrouver dès que nous l'avons remis à son emplacement original.

Ces exemples nous démontrent comment procéder avec une colonie. Si une cabane habitée depuis de nombreuses années devient trop vétuste ou délabrée, on est souvent porté à la remplacer. On devrait éviter d'agir ainsi. La vieille maison doit demeurer en place. On installe la nouvelle à proximité, et on laisse les oiseaux décider. Si vous leur en laissez le choix, les adultes retourneront à leur taudis, et ce sont les jeunes qui iront peupler la nouvelle maison. N'ayez crainte, ils y reviendront l'année suivante.

La présence des moineaux

Beaucoup de gens tolèrent qu'un ou deux couples de moineaux partagent la maison collective des pourprées. Une telle situation est à éviter à tout prix.

À leur arrivée, fin avril, les pourprées réintègrent le toit communal. Elles ne s'adonnent alors à aucune activité bien définie. On flâne, on folâtre, on récupère, on pique-nique. Départ à l'aube, retour à la brunante.

Quand on sait que, pour papa moineau, le centre d'intérêt, la raison d'être, c'est le toit familial, on a tout compris. Papa moineau ne s'éloigne pas, au temps de la nidification, à plus d'un jet de pierre de son toit où il trône en potentat, tandis que les pourprées délaissent leur *home* des jours durant. Et la couvaison pour elles ne commence que quand la ponte est terminée. Alors, lorsqu'on retrouve des oeufs sur les porches, ou sous le logis, il est facile de trouver le coupable.

Surveillez le manège d'un couple de moineaux autour des logis. Le troglodyte familier est un ange comparé à ce démon!

D'ailleurs, le *Nature Society News*, qui héberge la plus importante colonie de pourprées outre-frontière à Griggsville dans l'Illinois, a tenté une expérience de cohabitation de ces deux espèces il n'y a pas si longtemps. L'aventure fut abandonnée en pleine saison. Les résultats s'avéraient trop désastreux. Les pontes avaient diminué de façon catastrophique, et les nids abandonnés ou détruits pullulaient.

Notre découverte

Il y a sept ans maintenant que nous avons découvert, dans un aéroport aux États-Unis, les plans conçus par le *Nature Society News*. Nous avons fait venir cet abri tout en aluminium, nous l'avons expérimenté et ce fut la révélation.

Un treuil mécanique permettait d'élever ou d'abaisser l'habitacle en un clin d'oeil, et un dispositif ingénieux nous permettait de remplacer, en un tour de main, la porte conventionnelle par une autre à entrée plus étroite, laissant passage au moineau mais pas à l'hirondelle.

Cette porte était un piège; le moineau y mettait le pied et une trappe fermait l'entrée derrière lui. Une fixation munie d'un sac transparent donnant au moineau l'illusion de reconquérir sa liberté nous permettait de l'en faire sortir sans même y toucher. L'aération, l'égouttement, le double fond, les garde-fous, l'étanchéité, tout avait été pensé.

Depuis, nous avons converti toute notre colonie à cette formule et n'avons jamais eu à le regretter. Le seul inconvénient majeur de ces logis: leur prix. Nous vous suggérons dans ces pages des maisons ayant les mêmes qualités que vous pouvez bâtir de façon économique.

Un départ... puis un retour

Se réveiller au gazouillis des pourprées, c'est presque apprendre à ne plus pouvoir s'en passer.

Votre vie ne sera plus jamais la même après que vous aurez hébergé une colonie de pourprées. Votre coeur bat au rythme de celui des oiseaux. Ils partent en migration et vous cessez d'exister. Vous les suivez en imagination dans leurs longues pérégrinations. De l'extrémité des Grands Lacs à la Hudson, puis Cheesapeake Bay, la Floride; par bonds, elles passent au-dessus des Antilles (nous les avons rencontrées, un 2 janvier, sur le chemin du retour, en République Dominicaine, il y a deux ans) pour atteindre l'Amérique du Sud, en passant par l'Amazonie, jusqu'aux grandes fermes du Brésil.

Pendant ce temps, l'hiver s'installe au Québec. Puis le printemps qui n'en finit plus d'arriver. Un de ces quatre matins, l'alizé semble s'être transporté chez nous, l'air est plus doux, le temps plus chaud, et un éclaireur gazouille sur un toit, presque toujours le même, celui du nichoir qui fut le premier à accueillir la colonie.

Vite, vous abaissez l'habitacle. Vous débarricadez quelques compartiments, vous installez le système de chauffage (deux ampoules de 100 W enfermées dans un compartiment métallique et hermétique installé sous le nichoir) et vous vous mettez à espérer.

Souvent, ces hérauts du printemps ont montré trop de hâte à revenir. Des giboulées peuvent survenir qui chassent du ciel tous les insectes volants, la nourriture exclusive des hirondelles. Au matin, les oiseaux jettent un oeil morne à la porte du logis. Ils s'y sont terrés à plusieurs, presque tous ceux qui ont accompagné l'éclaireur, et ils retournent au lit.

Un de nos nichoirs muni du système de chauffage.

Pendant ce temps, vous ne cessez de vous tourmenter. Le mauvais temps va-t-il tenir? Vont-ils survivre? Vous savez qu'après quatre ou cinq jours il n'y a plus d'espoir. Et la limite inexorable se rapproche. Un beau matin, le soleil frileux, timide, s'évertue à percer les nuages.

Tristement, un oiseau s'aventure au dehors. Point de gazouillis, une vraie face de carême. Il se laisse choir plutôt qu'il ne s'envole, et, laborieusement, sans enthousiasme, va explorer du côté est de l'église, où se joue le soleil.

Les premières mouches dégelées ont-elles recommencé à bourdonner aux fenêtres? Si oui, la vie reprend. Ce n'est pas encore aujourd'hui qu'il ira s'établir au paradis des oiseaux...

Un été bien rempli

Tout l'été, vous êtes témoin d'une vie familiale irréprochable. On se lève tôt en chantant. Les couples sont fort unis. Au début, maman couve et papa gazouille. Les petits voient le jour et alors les journées de quatorze ou seize heures se succèdent sans cesse. Déjà ils sont prêts, et les premières leçons de vol sont indescriptibles. Tous les membres du clan assistent et participent.

Le premier vol constitue un événement qu'il ne faut pas rater. La moindre erreur, la moindre fausse manoeuvre, un doute, la panique, et ça se termine en catastrophe. Il est déjà assez difficile d'apprendre à se poser ou à se brancher.

Le retour au bercail

À l'encontre de ce qui se passe chez toutes les autres espèces d'oiseaux de chez nous, les jeunes de l'hirondelle pourprée reviennent au nid tous les soirs après leur départ, et cela pendant plusieurs jours. Les parents les accompagnent et viennent les nourrir.

Ils ne dormiront pas avec eux, ce qu'ils ne font plus d'ailleurs depuis que les jeunes ont atteint l'âge de douze jours.

Nous avons remarqué que c'est à cette époque qu'apparaissent les pennes rigides des plumes qui formeront les ailes.

Et puis, un soir, les nids ne chanteront plus.

En terminant... quelques rappels:

1. Ériger leur maison à *logis multiples* aussi haut que possible, en plein ciel, à quinze ou vingt pieds du sol.
2. L'éloigner du feuillage.
3. Le poteau au sommet duquel vous la fixerez devra en interdire l'accès aux écureuils, aux ratons laveurs et aux chats.
4. Les compartiments ne doivent pas communiquer entre eux, sauf par de minuscules trous, gros comme le doigt, pour la ventilation.
5. L'ouverture doit avoir la dimension et la forme suggérées dans tous nos modèles pour ce type d'hirondelles.
6. Un porche ou un avant-toit est fortement à conseiller. Ce sont toujours les cavités les mieux protégées du vent et de la pluie qui trouvent preneurs.

Le disque fixé autour du poteau qui soutient cette mangeoire la met à l'abri des envahisseurs.

7. Le toit doit être hermétiquement étanche. Se remémorer que le pire ennemi de l'oisillon, avant même le hibou, est la pluie.
8. La maison doit être accessible en tout temps, c'est-à-dire qu'elle doit vous permettre d'évincer en quelques minutes le moineau ou le sansonnet que votre dispositif de prévention vous a permis de capturer.
   Ce n'est pas le temps de débâtir la maison pour éliminer un intrus quand tous les logis sont occupés, que les oisillons clament leur fringale, et les parents leur désarroi.
9. Un intérieur dans la pénombre attire les sansonnets. Plaçons un papier d'aluminium face à l'ouverture. Les sansonnets n'osent même pas mettre le nez à l'intérieur mais ils s'enfuient, apeurés.
10. Ne pas oublier d'installer les garde-fous.
11. Il n'y a jamais assez de perchoirs.
12. Une dernière recommandation: Dès le départ des oiseaux pour le Sud, (le Brésil) on nettoie et on *barricade*.
    L'on n'ouvrira qu'au retour des premiers éclaireurs.

La Petite Économique pour pourprées

Tout ce qu'il vous faut pour vous mettre au travail, c'est une pièce d'aluminium que vous plierez et dont vous enroberez chacun de vos logis. Le reste est jeu d'enfant.

Rappelez-vous qu'il faut pouvoir y avoir accès en tout temps.

Matériaux:

Contreplaqué ou pin de 1/2 x 10 x 40 1/2 po (pièces A, B, C, D)
Aluminium en feuille de 8 x 50 po (pièce E)
8 vis n° 10 de 1/2 po, à tête ronde
Clous de 1 po

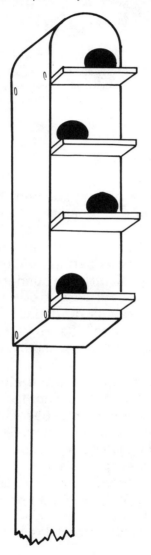

Façade et position des ouvertures

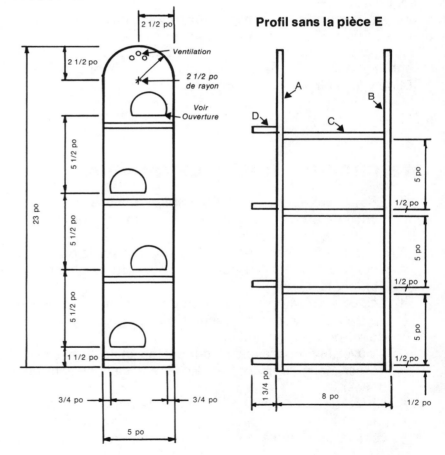

Profil sans la pièce E

Énumération des pièces:

A. Contreplaqué ou pin de 5 x 23 po. Voir illustration pour la dimension et la position des ouvertures
B. Contreplaqué ou pin de 5 x 23 po identique à la pièce A mais sans les ouvertures
C. 4 pièces de contreplaqué ou de pin de 5 x 7 po. Faire quelques trous d'égouttement
D. 4 pièces de contreplaqué ou de pin de 1 3/4 x 5 po
E. Aluminium en feuille de 8 x 50 po

Assemblage:

1. Clouer les pièces C entre les pièces A et B à la position indiquée à l'illustration *Profil*. Clouer les balcons (pièces D) à l'intérieur, juste un peu au-dessus des pièces C
2. Commencer à visser la pièce C à la base des pièces A et B et épouser la forme tout en vissant quelques vis ici et là. Couper l'excédent

Perspective d'assemblage

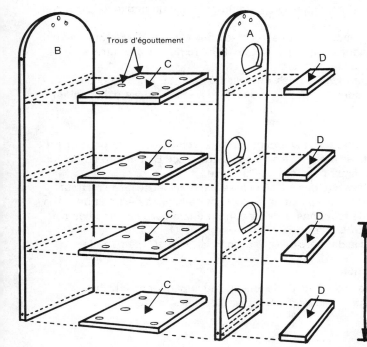

Pièce E:

Utiliser un poinçon ou une perceuse pour faire les trous. Ne pas trop en faire car c'est par cette pièce que s'effectuera le nettoyage

Ouverture:

Cette ouverture convient à toutes les résidences à hirondelles pourprées

Pièce E

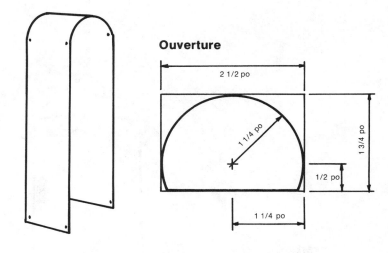

Ouverture

2 1/2 po

1 1/4 po

1 3/4 po

1/2 po

1 1/4 po

Débitage

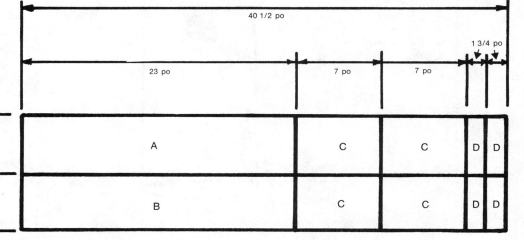

La Cylindrique

Cette demeure fort élégante n'a qu'un inconvénient majeur: si vous ne prenez bien soin d'obturer hermétiquement toutes les fissures par où pourrait s'infiltrer l'eau dans les parties cartonnées, elle ne durera que l'espace d'un printemps.

Quand les joints rattachant les parties du tube sciées à l'horizontale auront été scellés hermétiquement avec un matériau adéquat, deux bonnes couches de peinture d'extérieur devront y être appliquées. Choisissez des couleurs très claires de préférence.

À l'intérieur, on pourra encoller une feuille de papier d'aluminium, ce qui rebutera les sansonnets qui voudraient s'installer dans cette demeure.

Matériaux:

Cylindre de carton de 6 po de diamètre x 22 po de longueur (pièce A)
Contreplaqué ou pin de 1/2 x 12 x 12 po (pièce B)
Feuilles d'aluminium de 12 x 12 po (pièces C)
3 tiges filetées de 1/4 po de diamètre x 22 po de longueur
1 vis à oeillet de 3/16 x 3 po avec 3 boulons
3 vis n° 10 de 1/2 po, à tête ronde

Énumération des pièces:

A. Un cylindre de carton où l'on aura découpé des ouvertures de 2 1/2 x 1 3/4 po. Déterminer la position des ouvertures à l'aide du schéma *Coupe du cylindre*
   Finition: sabler et appliquer une peinture à l'huile ou appliquer un vinyle autocollant
B. Superposer les rondelles pour percer les trous afin que ces derniers soient parfaitement alignés. Percer un trou de 3/16 po de diamètre en plein centre de la rondelle du haut
   Note: Adapter le diamètre des rondelles à celui du cylindre choisi
C. Découper un disque de 12 po de diamètre dans la feuille d'aluminium.

Assemblage:

1. Visser un premier boulon dans chacune des trois tiges à 1/2 po du haut. Insérer les trois tiges dans les trois trous d'une pièce B et mettre un boulon sur chacune des tiges pour coincer la pièce.
2. Rajouter trois autres boulons à 7 po et faire la même chose jusqu'au bout
3. Fixer le toit à la dernière pièce en se servant de la vis à oeillet et des trois boulons. Insérer le tout dans le cylindre en prenant garde qu'une tige n'arrive pas devant un orifice
4. Fixer au bas dans la dernière pièce B avec trois vis n° 10 à tête ronde

Assemblage du toit:

1. Relier la partie 1 à la partie 2. Coller ensuite ou appliquer des rivets
2. Couper la pointe pour laisser passer la vis à oeillet

Ouverture

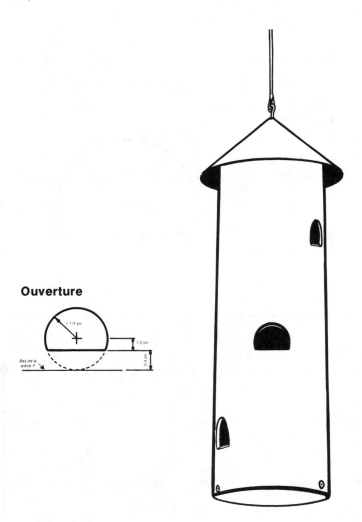

1 1/4 po

1/2 po

3/4 po

Bas de la pièce F

Perspective d'assemblage

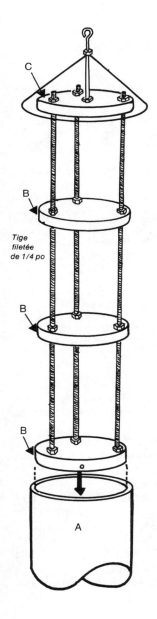

C

B

Tige
filetée
de 1/4 po

B

B

A

Pièce A

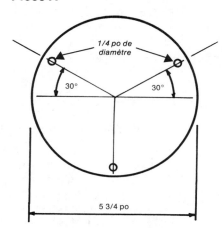

1/4 po de
diamètre

30°   30°

5 3/4 po

Pièce C toit

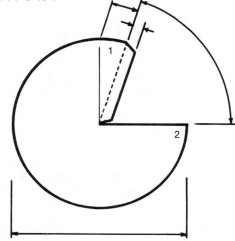

1

2

Coupe du cylindre, disposition des étages et hauteur des orifices

Pièce B

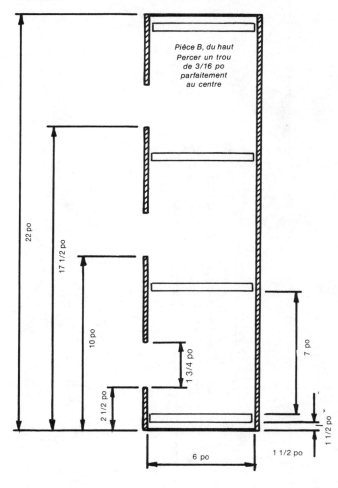

Pièce B, du haut
Percer un trou
de 3/16 po
parfaitement
au centre

22 po

17 1/2 po

10 po

7 po

1 3/4 po

2 1/2 po

1 1/2 po

6 po

1 1/2 po

Assemblage du toit

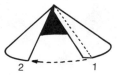

2   1

Matériaux:

Contreplaqué de 1/2 x 17 x 34 po (pièces A, B, C, H)
Aluminium en feuille de 20 x 27 po (pièces D, E, F, G)
2 poulies
Environ 30 pi de corde de nylon
1 crochet d'attache
Vis à bois numéro 10 de 1 po
12 po de tige de bois
Tiges de bambou que l'on achète dans les magasins de jardinage pour en faire des tuteurs
Fil de laiton

Énumération des pièces:

Les pièces A, B et C doivent être fabriquées en double. Percer des trous de 2 1/2 x 1 3/4 po sur un seul des doubles.
A. 2 pièces de contreplaqué de 4 x 6 po
B. 2 pièces de contreplaqué de 4 x 9 po
C. 2 pièces de contreplaqué de 6 x 12 po
Les pièces D, E, F et G sont en aluminium en feuille. Faire plusieurs trous d'égouttement sur les pièces D, E, F et se servir d'un tuyau métallique pour faire la courbe de chaque extrémité.
D. Feuille d'aluminium de 8 x 10 po
E. Feuille d'aluminium de 12 x 10 po
F. Feuille d'aluminium de 15 x 10 po
G. Feuille d'aluminium de 16 x 10 po. Plier la pièce parfaitement en deux à 8 po, déplier légèrement et appliquer sur les courbes des pièces C
H. 9 pièces de 3 3/4 x 7 po

Assemblage:

Avant d'assembler les feuilles d'aluminium aux pièces de bois, fixer les cloisons (pièces H) entre chacune des pièces A, B et C
Lorsque tous les étages sont prêts, suivre les étapes suivantes:
1. Visser avec 4 vis à tête ronde la pièce D en dessous de l'étage 1. C'est par cette pièce qu'on fera le nettoyage de l'étage 1
2. Visser avec quelque vis (à tête plate) la pièce E à l'étage 1
3. Relier ensuite l'étage 1 à l'étage 2 en vissant en dessous de la pièce E et de chaque côté à la pièce H de l'étage 2. C'est par ces quelques vis (4 de chaque côté) qu'on fera le nettoyage de l'étage 2
4. Procéder de la même façon pour l'étage 3
5. Terminer en vissant solidement la pièce G à l'étage 3. Quatre petits crochets, de la corde et une tige de bois serviront d'attaches.
6. Tailler les perchoirs à la longueur désirée et les fixer à la cabane avec du fil de fer ou une agrafeuse

Perspective d'assemblage

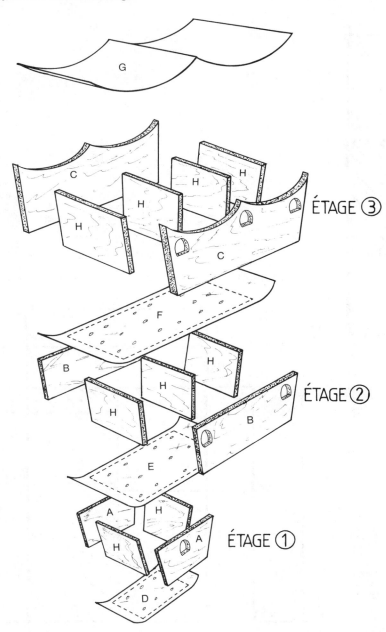

ÉTAGE ③

ÉTAGE ②

ÉTAGE ①

Remarque

On choisira le système de poulies selon l'endroit où on accrochera la maison. Le modèle illustré possède des petites décorations suspendues. Utiliser pour les réaliser des bouts de tiges de bois et du fil de fer.

Grille-guide pour Pièces A, B et C

Chaque carreau = 1 x 1 po

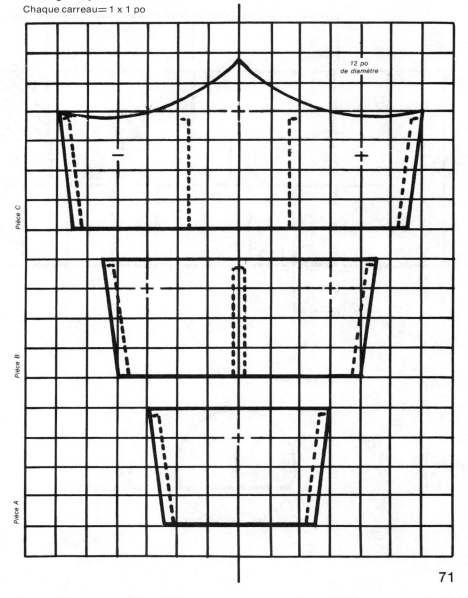

12 po
de diamètre

Pièce C

Pièce B

Pièce A

Débitage — Contreplaqué de 1/2 po

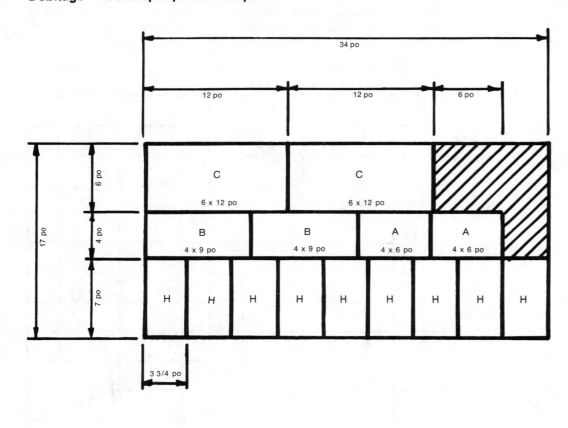

Ouverture

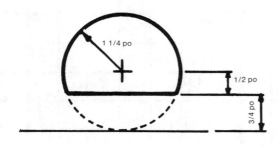

Aluminium

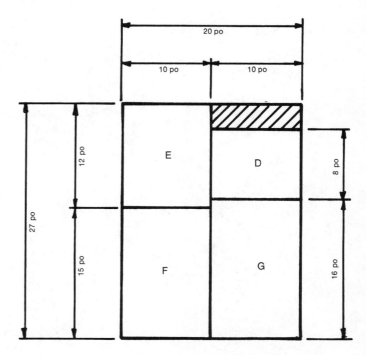

Au septième ciel

Cette résidence à 9 logis pour hirondelles pourprées est munie d'un système de poulies qui permet de la suspendre à la hauteur voulue le long d'un de vos murs extérieurs. D'ailleurs, il est fortement conseillé d'appliquer un tapis au dos pour éviter d'endommager le mur.

Perchoir

Coupe d'élévation et disposition des cloisons

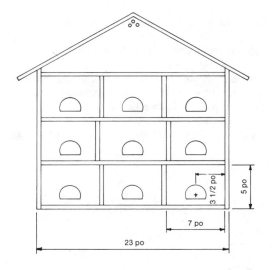

Coupe de profil

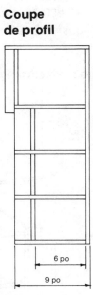

Matériaux:

1 feuille de contreplaqué, fini des deux côtés, de 4 x 8 pi x 1/2 po d'épaisseur
(pièces A, B, C, D, E, F, G, H)
Clous traités de 1 1/2 po
2 poulies avec crochets
1 palan
30 pi de corde de nylon jaune
2 crochets

73

Énumération des pièces:

A. Trois trous de 3/8 po de diamètre sont nécessaires pour l'aération (voir illustration)

B. Même chose que A

C. 4 pièces de 8 1/2 x 22 po. Faire plusieurs trous de ventilation et d'égouttement

D. 2 pièces de 9 x 17 1/2 po. Couper une extrémité en biseau à 30 degrés

E. 6 pièces de 5 x 6 po

F. 3 pièces de 5 x 22 po. Lorsque les trois pièces sont taillées, découper les trois ouvertures. Se servir d'un gabarit en carton. Toutes ces ouvertures sont situées à 3/4 po du bas de la pièce F. (Voir *Ouverture*.) Voir aussi *Coupe* pour la disposition des ouvertures

G. 2 pièces de 10 x 16 po. Couper une des deux extrémités en biseau à 30 degrés

Pièce A

Vue d'assemblage

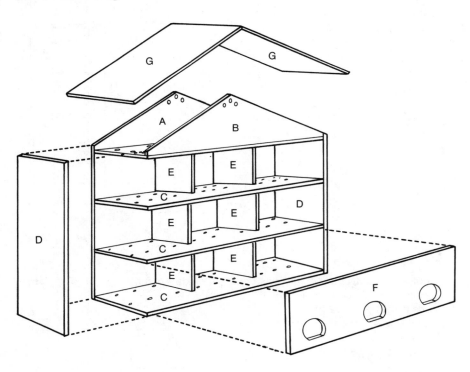

Assemblage:

1. Les cloisons (pièces E) doivent être clouées aux pièces C en tout premier. L'illustration *Coupe d'élévation et disposition des cloisons* démontre que les cloisons de l'étage central sont légèrement déplacées pour permettre de clouer celles des étages supérieur et inférieur

2. Lorsque toute les pièces C sont fixées aux pièces E, clouer le tout sur la pièce A. Fixer ensuite la pièce B puis, de chaque côté, les pièces D

3. Les pièces G (le toit) doivent être solidement vissées à A et B. C'est par G que seront fixées les cordes

Note: Pour éviter les risques d'accident, assembler toutes les pièces très solidement car cette résidence a un poids considérable.

Pièce B

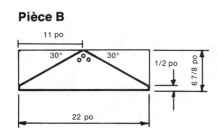

Ouverture:

Utiliser cette illustration pour tailler le gabarit. Ne pas oublier que c'est la même ouverture pour toutes les résidences pour hirondelles pourprées.

Débitage —
**Contreplaqué de 1/2 po
beau des deux côtés**

Ouverture

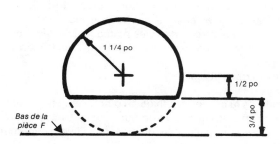

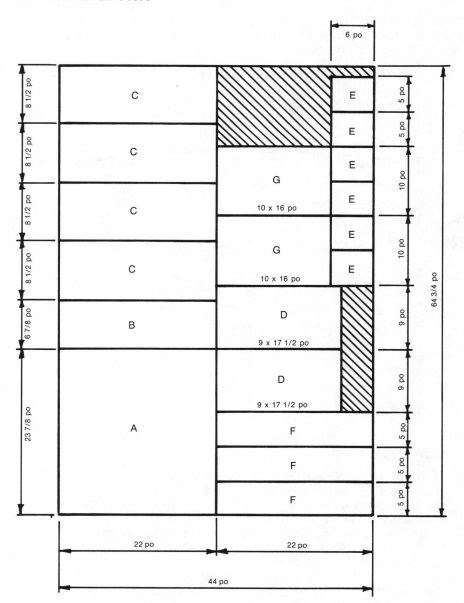

Le Condo en "deux litres"

Cette habitation originale à logis multiples est fabriquée avec des contenants de lait de deux litres en carton. Chaque étage possède 4 logis, ce qui donne 12 logis au total. On pourra en ajouter d'autres selon la longueur des tiges d'acier filetées qu'on trouvera sur le marché.

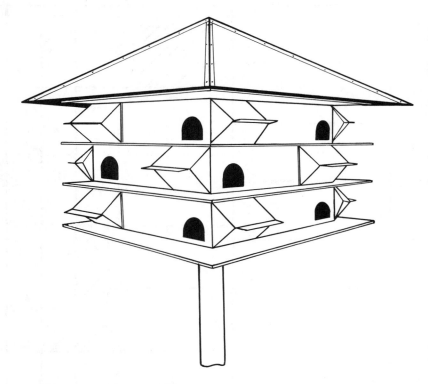

Matériaux:

1 feuille de 4 x 8 pi de masonite de 1/4 po rigide
1 morceau de pin de 1/2 ou 3/4 po x 7 x 7 po
17 pi de baguette de bois de 1/4 x 1/4 po (peut être fabriqué avec des tuteurs de jardinage en bambou ou avec le masonite)
10 pi de tuyau galvanisé avec extrémité filetée de 1 1/2 po de diamètre
1 fixation pour extrémité de tuyau filetée de 1 1/2 po
1 poulie de 1 1/2 po de diamètre
1 vis de 3/16 x 2 1/2 po avec boulon pour la poulie
25 pi de corde de nylon

4 tiges filetées de 1/4 x 15 po chacune
8 boulons
8 rondelles perforées (washers)
1 fixation pour corde de bateau
24 cartons de 2 litres de lait ou autres

Assemblage:

Le schéma ci-contre illustre assez bien le mode d'assemblage du toit et de la résidence mais procéder quand même selon les étapes suivantes:

1. Assembler les composantes du toit sur la pièce de bois 7 x 7 po avec des bons clous traités. Fixer ensuite la bride de plancher
2. Poser toutes les tiges d'acier dans les plateaux avec leurs boulons
3. Coincer les cartons entre les plateaux selon l'illustration de la page suivante
4. Insérer le tuyau dans la résidence
5. Fixer la poulie
6. Une extrémité de la corde sera fixée au plateau supérieur et l'autre passera dans la poulie et à travers la résidence par le trou préparé à cet effet
7. Descendre la corde jusqu'au bas du tuyau et la fixer solidement
8. Visser le toit au bout du tuyau
9. Insérer solidement un tuyau légèrement plus grand
10. Insérer le tuyau de 10 pi dans l'autre au sol

Coupe sans les cartons

Comme l'illustration le démontre, les tiges filetées retiennent les panneaux en place.

La poulie permet de descendre la résidence et d'en faire l'entretien régulièrement.

Composantes du toit

Découper dans du masonite de 1/4 po 4 triangles (voir l'illustration *Débitage*). Sabler à l'aide d'une lime les deux côtés du triangle pour que le joint d'assemblage soit plus précis (environ 55 degrés). Au moment de l'assemblage, rajouter par-dessus ces quatre joints une lisière de métal galvanisé. Fixer avec des vis.

Plateau de 16 x 16 1/4 po

Découper dans le masonite de 1/4 po 4 plateaux (voir *Débitage*). Tracer sur un seul plateau les marques des endroits où vous devrez percer. Les superposer tous et les percer en série pour être sûr qu'ils seront identiques. Fixer ensuite les petites baguettes de bois. Ces baguettes seront fixées sur 3 des 4 plateaux (voir *Coupe sans cartons*). Couper chaque extrémité des baguettes à 45 degrés à 13 po environ. Ajuster ces dernières en fonction de la dimension exacte des cartons (voir *Disposition des cartons*).

Vue d'assemblage

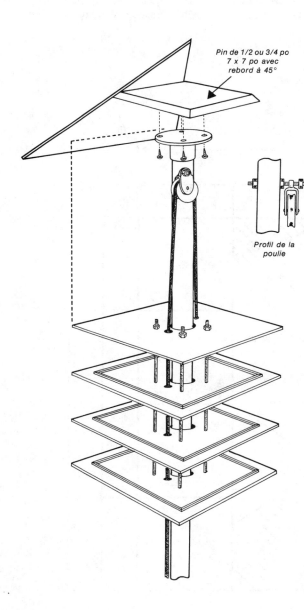

Pin de 1/2 ou 3/4 po
7 x 7 po avec
rebord à 45°

Profil de la
poulie

Coupe sans carton

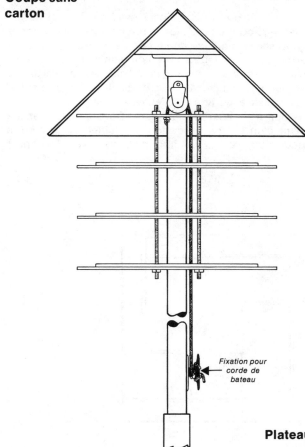

Fixation pour
corde de
bateau

Composantes du toit

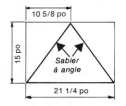

10 5/8 po

15 po

Sablier
à angle

21 1/4 po

Plateau de 16 x 16 x 1/4 po

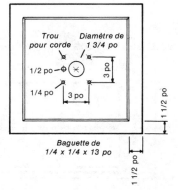

Trou
pour corde

Diamètre de
1 3/4 po

1/2 po

3 po

1/4 po

3 po

1 1/2 po

1 1/2 po

Baguette de
1/4 x 1/4 x 13 po

77

Préparation des cartons

Ouvrir complètement le haut du carton. Rincer avec de l'eau et laisser sécher. Emballer le carton dans du papier d'aluminium comme vous le feriez avec un cadeau mais en ne scellant qu'une seule des deux extrémités.

Retirer ensuite le carton de l'emballage en prenant bien soin de laisser sa forme à ce dernier, et insérer le papier d'aluminium à l'intérieur du carton, le côté scellé en premier. Redonner ensuite sa forme originale à la partie supérieure du carton de lait et sceller avec une agrafeuse. Le carton se trouvera ainsi doublé d'une épaisseur de papier d'aluminium. Découper l'ouverture pour l'oiseau en se servant d'un patron en carton préalablement taillé. (La dimension est la même pour toute résidence à hirondelle pourprée: 2 1/2 po.)

Disposition des cartons

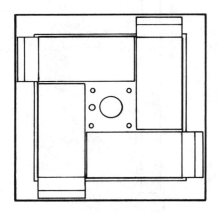

Profil des cartons

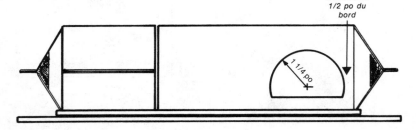

Distance de 1/2 po du bord

1 1/4 po

Finition

Appliquer une peinture plastique sur les cartons. Ce revêtement résistera sûrement tout un été et encore plus. Pour le masonite, une peinture à l'huile sera suffisante. Ne pas appliquer de revêtement sur le tuyau galvanisé.

Débitage —
Masonite rigide de 1/4 po

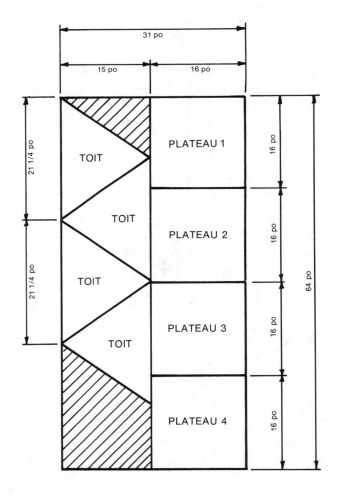

L'Idéale pour pourprées

Cette résidence à logis multiples pour hirondelles pourprées est montée sur une poutre de 4 x 4 po x 12 pi de hauteur.

Un système de poulie dissimulé dans le toit en facilite la descente et la remontée.

Chaque étage contient 6 logis. Ces étages sont identiques en tout point mais sont disposés en alternance, ce qui permet de les superposer les uns sur les autres (voir *Assemblage*).

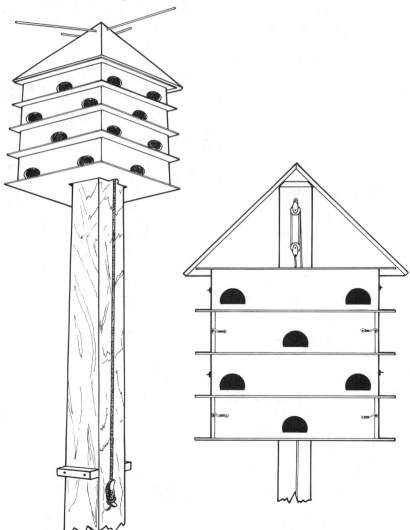

Matériaux:

1 feuille de contreplaqué de 1/2 po
1 feuille de contreplaqué de 3/8 po (fini des deux côtés) (pièce A)
1 poutre de 4 po x 4 po x 12 pi et plus
1 palan (poulies démultiplicatrices)
1 crochet avec boulon
2 vis à bois pour système de poulie (voir *Système de poulie*)
8 petites roulettes de 1 1/4 po de hauteur
Vis à bois numéro 10 de 1 1/4 po, à tête plate
1 fixation pour corde (voir illustration au bas de la poutre)
16 crochets à porte
Quelques goujons de 1/4 po pour les perchoirs

Énumération des pièces:

A. 5 pièces de contreplaqué de 24 x 24 po. Ouverture au centre de 4 1/2 x 4 1/2 po et une encoche pour la corde
B. 8 pièces de 20 x 5 po. Deux trous pour deux logis sont nécessaires. Les dimensions du trou sont les mêmes que pour les autres résidences à hirondelles pourprées: 2 1/2 po
C. 8 pièces de 19 x 5 po, 1 trou seulement. Un crochet à chaque extrémité
D. 8 pièces de 19 x 5 po. Percer quelques trous de ventilation
E. 8 pièces de 5 x 5 po
F. 8 pièces de 5 x 8 po. Trous de ventilation
G. 4 pièces de 3 x 5 po. Fixer deux roulettes sur chaque pièce. Utiliser du pin
H. 4 pièces de 26 3/4 x 19 po. Deux côtés coupés à 55 degrés

Assemblage:

1. Percer un grand nombre de trous d'aération dans chacun des plateaux
2. Assembler les pièces E, F et D de chaque étage ensemble
3. Visser le plateau A1 en dessous de l'étage 1
4. Visser le plateau A2 en dessous de l'étage 2
5. Visser le plateau A2 aux pièces E, F, D de l'étage A1
6. Suivre le même procédé pour les autres étages

Note: Seules les pièces E, F et D sont vissées aux plateaux, les pièces B et C, elles, sont amovibles

Une fois assemblé, déposer le toit sur la poutre préalablement coupée à 45 degrés. On le fixe à l'aide de bonnes vis à bois de 1 1/2 po

Remarque

Chaque étage alterne avec l'autre.

Bloc supporteur

Visser des petits blocs de bois à 3 pi du bas de la poutre. On pourra y appuyer la résidence pour le nettoyage.

Pièce H

Découper les 4 pièces H (voir *Débitage*) et couper à 55 degrés les deux côtés du triangle. Si on pense avoir de la difficulté à couper cet angle, on utilisera du masonite de 1/8 ou 1/4 po; alors, on n'aura pas d'angle à faire. Rajouter une petite bande métallique ou autre sur les quatre joints pour les relier ensemble.

Ouverture des logis:

Des petits crochets de porte donneront accès aux logis pour le nettoyage.

Perspective d'assemblage

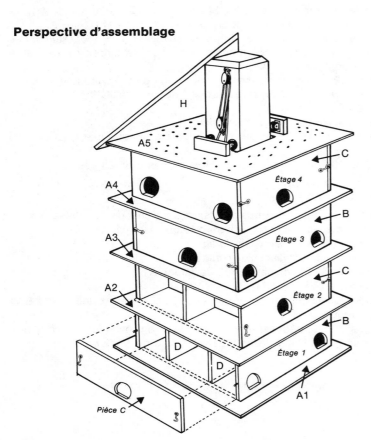

Système de poulies:

Ce système de poulies est vendu dans les bonnes quincailleries et est utilisé sur les bateaux ou comme remonte-charge. Fixez-le solidement au sommet de la poutre, il en va de votre sécurité!

Le crochet est fixé au plateau (pièce A5).

Système de roulettes avec cloisons "vue de plan"

Cette vue démontre de quelle façon les cloisons se situent autour du système de roulettes.

La distance entre ces 2 blocs variera selon la hauteur des roulettes. Ajustez cette distance sur la poutre en fonction de la hauteur des roulettes.

C'est par cet endroit que la corde passera.

Pièce H

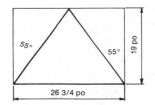

Disposition des cloisons

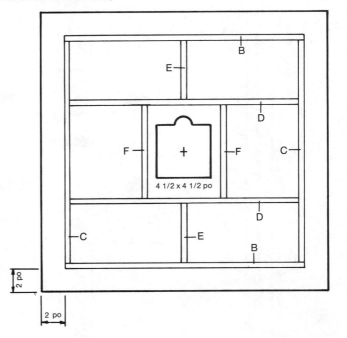

80

**Système de roulettes
Pièces A1 et A5**

Système de poulie

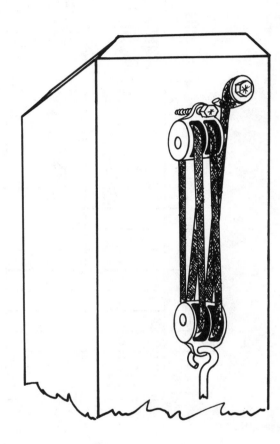

A1 ET A5

G

G

**Système de roulettes
avec cloisons —
"Vue de plan"**

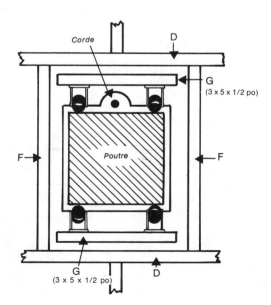

Corde

D

G
(3 x 5 x 1/2 po)

F

F

Poutre

G
(3 x 5 x 1/2 po)

D

Débitage —
Contreplaqué de 1/2 po

Contreplaqué de 3/8 po

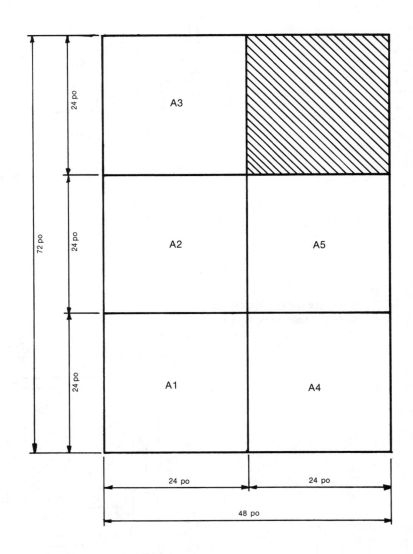

Installation

Deux solutions vous sont offertes:

La première consiste à insérer la poutre dans le trou central de la résidence, puis de couler la base dans le ciment. La seconde est de faire l'inverse: couler la poutre dans le sol et insérer la résidence au sommet, mettre le toit ensuite. Le choix dépend de votre dextérité et de l'équipement que vous possédez. Être prudent dans les deux cas.

Perchoir

Percer quelques trous au sommet du toit pour insérer les goujons.

82

Les Bungalows pour pourprées

Chacune de ces petites cabanes peut être fabriquée individuellement ou en série à l'aide d'un matériau appelé *Coroplast* (voir note du concepteur technique page 13).

Avec un seul morceau, vous fabriquez le plancher, les quatre murs et le toit. Un deuxième morceau que vous ajoutez au premier toit vous donne une meilleure isolation.

Vous pouvez rassembler six, huit de ces logis ou plus à un cylindre qui glisse le long d'un mât à l'aide d'un système de poulies. L'avantage de ce village miniature, c'est qu'il vous permet d'avoir accès en tout temps à un compartiment pour vous débarrasser d'un intrus, moineau ou sansonnet, sans déranger toute la colonie.

Matériaux:

Quel que soit le matériau choisi, il vous faudra une feuille de 24 x 34 po pour fabriquer une maison
Quatre petits blocs de bois de 1/4 po d'épaisseur
Si vous faites la présentation suggérée, vous aurez besoin de deux poutres en cèdre ou autre bois de 4 x 4 x 96 po et d'un système de poulies
Masonite 1/4 x 16 x 20 po pour monter et descendre le complexe.
Clous traités de 4 po
Petits clous de finition
Huit morceaux de 24 x 34 po du matériau choisi pour la maison.

Présentation suggérée

(voir *L'Idéale pour pourprées* p. 79 pour le système de poulies)

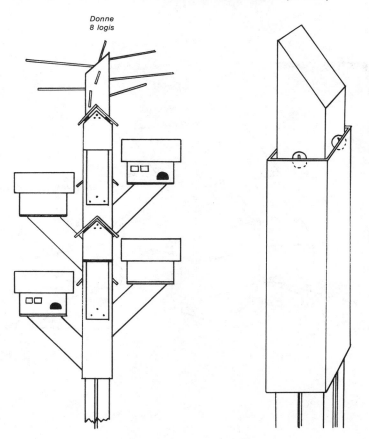

Donne
8 logis

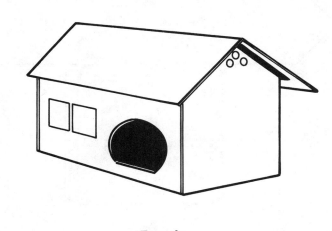

Profil

Façade

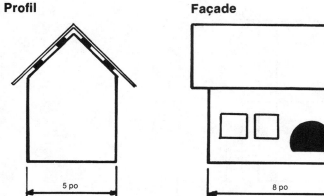

5 po

8 po

8 po

Patron de coupe

Les lignes pointillées sont des lignes de pliage. Pour faciliter le pliage, tracer légèrement avec un couteau. Utiliser le bord d'une table pour plier le patron.

Note: Utiliser un bon couteau à lame mince ou des ciseaux pour découper les pièces.

Assemblage:

Lorsque la base et le toit sont découpés, procéder au pliage de la base en collant au fur et à mesure les parties où est inscrite le mot "colle"

Utiliser de la colle à caoutchouc (contact)

Coller des petits blocs en bois entre le toit et la base afin de créer un espace d'aération

Perspective d'assemblage.

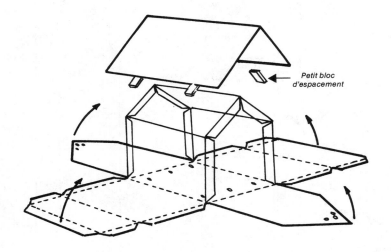

Petit bloc d'espacement

Patron de coupe

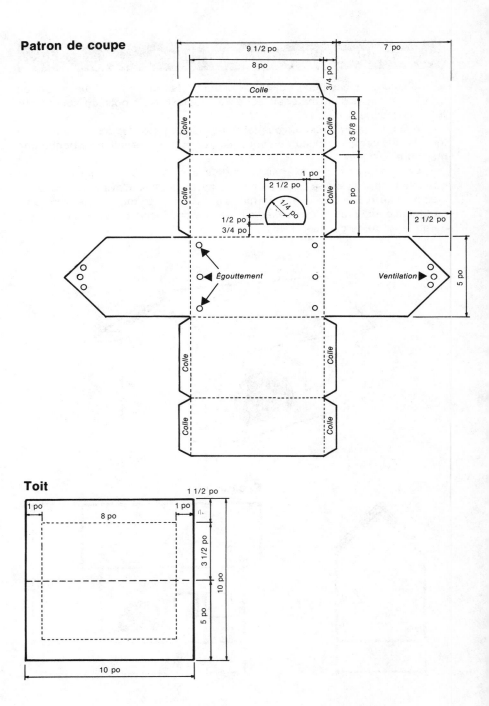

Toit

84

Chapitre cinq
Nichoirs pour oiseaux divers

Pour le pinson chanteur

Nous avons lu qu'on pouvait amener le bruant chanteur (le rossignol ou pinson chanteur de notre enfance) dans un nichoir.

L'expérience est en cours, dans le plus profond fourré épineux de notre territoire, un plant d'épine-vinette (berbéris). Là où, deux fois auparavant, nous avons découvert le nid de cet oiseau, nous avons installé pour lui une demeure et recouvert le fond de quelques brindilles sèches.

L'oiseau se laissera-t-il tenter? Osons l'espérer! Si vous découvrez un pinson chanteur sur votre territoire, tentez l'expérience avec nous:

Le Coco convertible

Matériaux:

Noix de coco
Pièces de métal
Vis

Préparation

Couper la noix en deux. Vider tout l'intérieur et fixer deux pièces métalliques de chaque côté à l'aide de vis et de boulons. Laisser une distance de 1 1/2 po entre les deux pièces. Installer à proximité de l'endroit où l'oiseau niche habituellement.

Pour la mésange

Celui-là, c'est notre petite folie exotique pour attirer les mésanges ou les troglodytes.

Si vous prenez soin d'enrober votre noix de coco évidée de trois dosses (croûtes) de cèdre, vous aurez la plus jolie petite maison à mésanges qui puisse exister.

L'ouverture ne devra pas excéder 1 1/8 po de diamètre. Vous fixerez cette habitation à un tronc d'arbre, dans un boisé pas trop encombré, des feuillus de préférence, à au moins 15 pi du sol. Choisir un endroit assez ensoleillé.

Le Chalet d'été

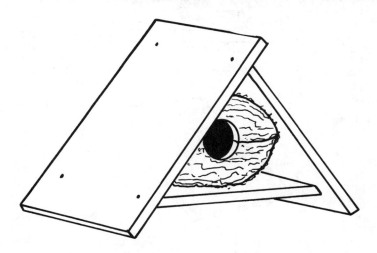

Matériaux

Planche de pin de 1/2 x 7 x 25 po
Noix de coco
Silicone

Énumération des pièces:

A.   Planche de 7 x 7 po
B.   Planche de pin de 7 x 9 1/2 po
C.   Planche de pin de 7 x 8 po

Assemblage

1. Faire un trou d'environ 4 po de diamètre au centre de la pièce A. Couper deux des extrémités à 45 degrés
2. Percer un trou de 1 1/8 po de diamètre sur le côté de la noix
3. Couper la noix en deux parties égales et en vider tout l'intérieur
4. Recoller les deux moitiés avec du silicone
5. Déposer la noix dans le trou de la pièce A et visser les pièces B et C de façon que la noix ne bouge plus.

Façade

Perspective d'assemblage

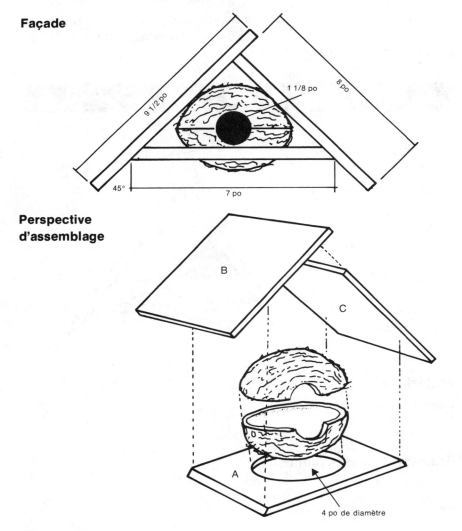

4 po de diamètre

Pour la sittelle

L'oiseau choisira souvent pour y placer son nid un site analogue: ou c'est une grosse branche cassée mais qui reste encore attachée au tronc, ou ce sont des lambeaux d'écorce qui s'en détachent. L'entrée doit se situer dans la partie supérieure, près de l'arbre. Elle doit être assez profonde. Les couvées sont nombreuses: de six à neuf oeufs.

Installez ce nichoir très tôt au printemps. Faites en sorte qu'il adhère bien au tronc de l'arbre, et si jamais la chance vous sourit et que vous hébergez ce gentil lutin, vous ne le regretterez jamais. Il est lève-tôt, débrouillard et sociable.

Il serait préférable de fabriquer ce nichoir en dosses, pour qu'il s'intègre mieux au décor. L'oiseau s'y sentira certainement plus chez lui.

La Pyramide

Le trou d'entrée étant situé près de l'arbre, il serait préférable d'entourer ce dernier d'une jupe métallique ou d'un grillage pour empêcher les écureuils ou autres prédateurs d'avoir accès au logis.

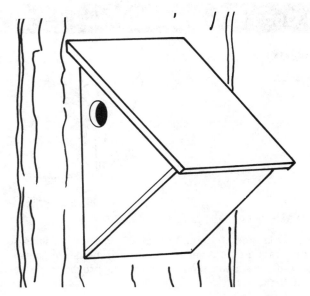

Matériaux:

Contreplaqué ou autre matériau de 1/2 x 14 x 19 po (pièces A, B, C)
4 vis de gros calibre (1 1/4 po) à tête ronde
4 vis n° 10 de 1 po, à tête plate
Clous de 1 po

Énumération des pièces:

A. 2 pièces de contreplaqué triangulaires (voir illustration)
B. 1 pièce de contreplaqué de 6 x 8 1/4 po. L'extrémité du bas devra être taillée à 45 degrés
C. 1 pièce de contreplaqué de 8 x 9 1/2 po. L'extrémité du haut devra être taillée à 45 degrés
D. 1 pièce de contreplaqué de 5 x 10 po. Percer 4 trous pour que cette pièce soit fixée à l'arbre

Assemblage

1. Clouer la pièce B aux deux pièces A. Le côté biseauté de la pièce B va en bas
2. Clouer le toit (pièce C) aux deux pièces A. Le côté biseauté de la pièce C va en haut
  Fixer la pièce D à l'arbre et y visser la petite maison avec les vis appropriées

Les deux pièces A sont identiques en tous points à l'exception de l'ouverture de 1 1/4 po sur une des deux. Faire un trou d'égouttement et de ventilation à chaque coin.

Finition:

On peut appliquer des croûtes d'écorce sur tout l'extérieur pour lui donner une apparence qui respecte mieux l'environnement.

Débitage

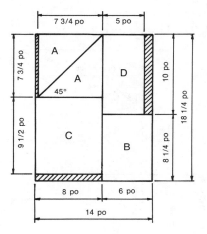

Perspective d'assemblage

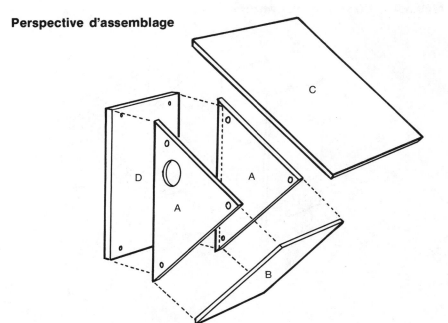

Façade　　　　　**Profil**

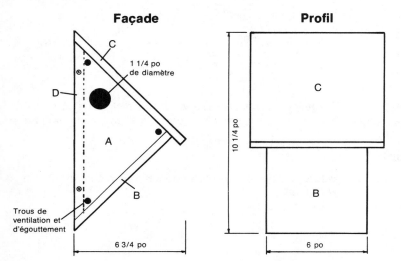

Pièce A

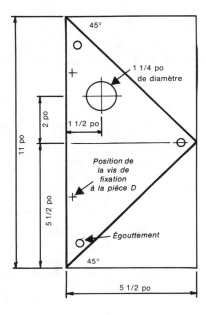

45°

1 1/4 po
de diamètre

2 po

1 1/2 po

11 po

5 1/2 po

Position de
la vis de
fixation
à la pièce D

Égouttement

45°

5 1/2 po

Méthode de fixation et d'ouverture

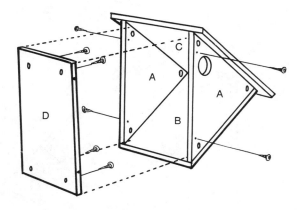

Pour le moucherolle phebi

Fixez un de ces nichoirs sous un pont, bientôt, vous héber-gerez des phébis, ces gentils oiseaux qui n'en finissent plus de chanter sous les rayons de la lune. C'est un voisin paisible qu'il faut avoir connu pour l'apprécier. Il recherche les cours d'eau stagnante où prolifèrent tous les insectes volants.

Sous le pont

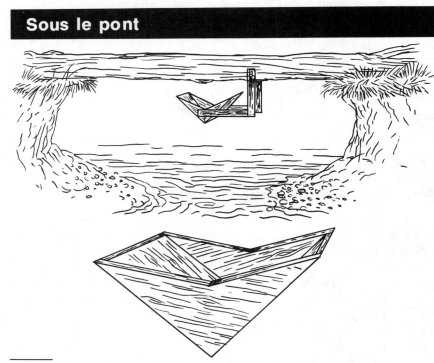

Note: dans le plan qui suit, le constructeur a muni le nichoir de côtés rec-tangulaires qui ne figurent pas sur l'illustration, ceci afin d'en faciliter la fabri-cation.

Matériaux:

Pin de 1/2 po d'épaisseur, 4 x 6 po (2 morceaux de 2 x 6 po), (pièce A)
Masonite de 1/4 x 4 1/2 x 6 po (pièce B)
Masonite de 1/4 x 3 1/2 x 6 1/2 po (pièce C)
Clous
6 vis n.° 10 de 1/2 po, à tête ronde
Silicone

Énumération des pièces:

A. 2 planches de pin de 2 x 6 po
B. Masonite de 1/4 x 4 1/2 x 6 po. Percer 3 trous de chaque côté à 1/4 po du bord (voir perspective d'assemblage)
C. Masonite, 2 pièces d'une dimension de 3 1/4 x 3 1/2 po chacune

Assemblage:

1. Clouer ou visser la pièce B sous les pièces A
2. Si la pièce B est en masonite: faire un trait de scie peu profond à 3 1/4 po du bord et plier la pièce en deux
3. Clouer de petits clous sur la pièce A pour retenir les pièces C en place
4. Fixer deux pièces de métal sous la mangeoire et la mettre en place

Perspective d'assemblage

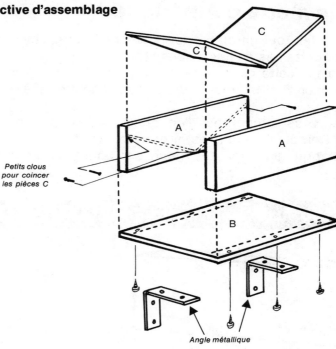

Petits clous
pour coincer
les pièces C

A

A

B

C

C

Angle métallique

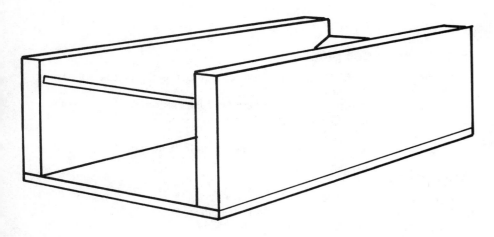

Profil

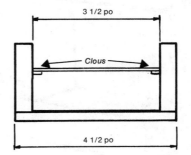

3 1/2 po

Clous

4 1/2 po

Façade avec position des pièces C

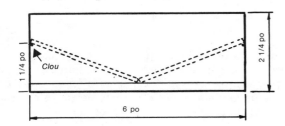

1 1/4 po

Clou

2 1/4 po

6 po

89

Pour le merle d'Amérique

On en fait tout un plat, c'est le cas de le dire. Nous avons installé des dizaines de ces dispositifs.

On place cette planchette sous un porche, le rebord d'un toit, le larmier d'un bâtiment ou on l'accroche même à un gros tronc d'arbre.

Nous vous suggérons d'en attacher aux chevrons des granges. Combien de fois les hirondelles qui habitent ces bâtiments manquent d'aspérités rugueuses pour y blottir leur nid!

Le grand luxe

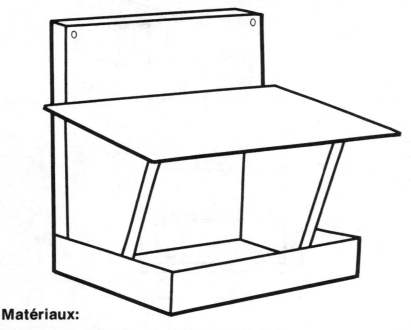

Matériaux:

Contreplaqué ou pin 1/2 x 11 x 16 po (pièces A, B, D)
Contreplaqué de 1/8 x 6 x 7 po (pièce C)
Contreplaqué de 1/8 x 2 1/2 x 19 po (pièce E)
6 vis n° 10 de 1/2 po, à tête ronde
Clous

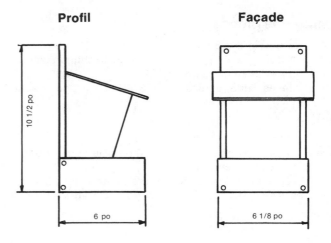

Profil   **Façade**

10 1/2 po

6 po   6 1/8 po

Énumération des pièces:

A. Contreplaqué de 6 x 10 po. Faire 2 trous à la partie supérieure pour fixer à un mur ou à un arbre
B. 2 pièces de contreplaqué de 5 x 8 po (voir illustration)
C. Contreplaqué de 1/8 x 6 x 7 po
D. Contreplaqué de 6 x 6 po
E. Contreplaqué de 1/8 x 2 1/2 x 18 1/2 po (voir illustration)

Assemblage:

1. Clouer la pièce D sous la pièce A
2. Clouer ensuite, toujours par le dessous, les pièces B
3. Clouer aussi la pièce B par l'arrière de la pièce A
4. Coller le toit (pièce C) avec du silicone ou une autre sorte de colle sur les deux pièces B
5. Appliquer du silicone au point de contact entre A et C
6. Visser ensuite la pièce E de chaque côté de la pièce A et devant la pièce D

Pièce E

Pour plier aux deux endroits indiqués, faire quelques traits énergiques avec une règle et un couteau à stratifier (arborite, formica) à pointe de carbure, enlever le papier protecteur et chauffer avec une chandelle sur tout le trait. Plier et adapter la forme à la pièce D. Percer les trous et visser avec les vis numéro 10 de 1/2 po, à tête ronde. Appliquer une peinture, si désiré.

Débitage

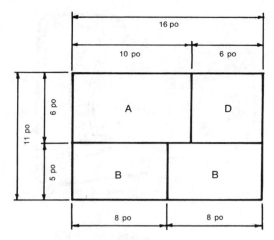

Pièce B

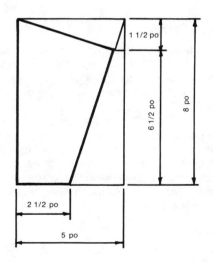

Perspective d'assemblage

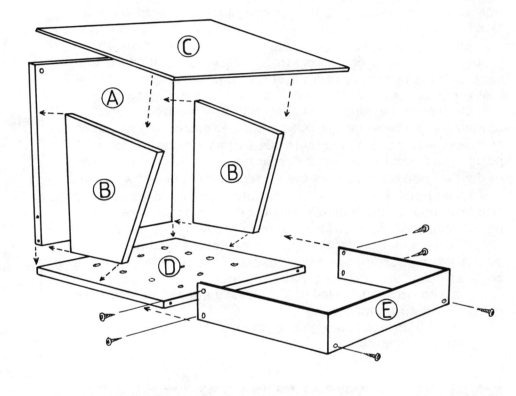

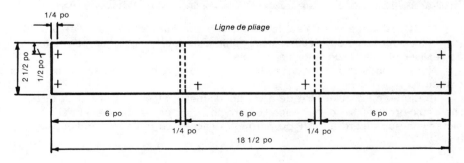

91

Pour le troglodyte familier

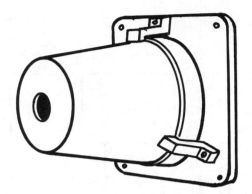

Entendez-vous, un jour de printemps, le son cristallin d'une cascade de bruyantes clochettes qui monte en crescendo puis se tait brusquement? Il est temps que vous bâtissiez ce nichoir et que vous le suspendiez à la branche la plus propice de votre jardin.

Un troglodyte familier furète chez vous. Le moineau ne s'intéressera pas à ce nichoir trop instable qui ballotte à tout vent. Si vous avez pris soin de percer une ouverture d'un diamètre n'excédant pas 1 po, vous pouvez dormir en paix.

De mauvaises langues rapportent que vous hébergerez un fauteur de troubles, un inquisiteur qui ira fourrer son nez dans tous les nichoirs des alentours. Des gens dignes de foi rapportent qu'il se plaît parfois à percer les oeufs des merles bleus et des hirondelles bicolores qui se retrouvent sur son chemin.

Chez nous, il se fait de plus en plus rare, et soyez assurés que, si la chance nous envoie ce petit coquin dans notre jardin, nous l'accueillerons avec joie tout en le gardant pourtant à l'oeil.

Si vous aimez un petit bruyant, nous vous le souhaitons.

Note: Il pourra aussi choisir le plan de la page 93. Veillez à ce que l'ouverture n'excède pas un pouce.

Le plan *Au grand soleil* (p. 51) aussi a été pensé pour faire perdre pied au moineau.

Un toit bien lisse, bien arrondi, et ce fanfaron sera fort mal à l'aise pour y plastronner.

Votre plus beau fleuron

Cette résidence murale est fabriquée à partir d'un pot de fleurs de 8 po (diamètre supérieur) en grès. Le coût minime de fabrication vous permettra de réaliser plusieurs logis sur ce modèle

Nous aimons croire qu'un bouquet ailé viendra bientôt enjoliver cette demeure.

Pratiquez une ouverture de 1 po de diamètre et vous serez peut-être l'heureux propriétaire d'un couple de troglodytes familiers. Une entrée de dimension supérieure à 1 3/8 po permettra l'accès au moineau, ne l'oubliez pas.

Matériaux:

Pot de fleurs en grès d'environ 8 po de diamètre (pièce A)
Contreplaqué ou pin de 1/2 x 12 x 12 po (pièce B)
Contreplaqué ou frêne de 3/4 x 6 x 6 po (pièce C)
4 vis de 3/8 po de diamètre x 2 po (le choix du type de vis dépendra de la surface sur laquelle vous fixerez la plaque)
3 vis n° 10 de 1 po, à tête plate
4 rondelles de caoutchouc ou autre pour vis de 3/8 po

Énumération des pièces:

A. Pot en grès. Les pots de ce genre sont déjà munis d'un trou de 5/8 po de diamètre au fond. À l'aide d'une queue de rat (une lime ronde), agrandir le diamètre du trou jusqu'à 1 po de diamètre. Avec cette même lime, creuser des encoches d'égouttements sur le rebord du pot (voir *Perspective d'assemblage*)

B. Contreplaqué de 12 x 12 po. Tailler les coins en rond. Percer un trou de fixation à chacun des coins, ainsi que des trous de ventilation à l'intérieur de la circonférence qui sera recouverte par le pot

C. Cheville de contreplaqué de 3/4 po ou de frêne. Il est essentiel de fabriquer cette pièce avec du bois résistant et d'adapter sa forme à celle de la bordure du pot. Ces trois pièces doivent retenir fermement le pot contre la plaque (pièce B)

Assemblage:

Déposer le pot en plein centre de la pièce B. Fixer les trois pièces C en forme de triangle (2 en bas et 1 en haut — voir illustration) sur le pot. Ajuster selon le pot. Fixer au mur en plaçant des rondelles d'espacement (caoutchouc) avec 4 vis choisies en fonction du genre du mur

Perspective d'assemblage

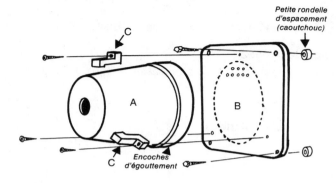

Petite rondelle d'espacement (caoutchouc)

C

A   B

Encoches d'égouttement

C

Pièce A

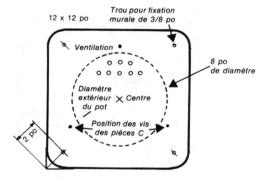

12 x 12 po

Trou pour fixation murale de 3/8 po

Ventilation

8 po de diamètre

Diamètre extérieur du pot × Centre

Position des vis des pièces C

2 po

Pièce C

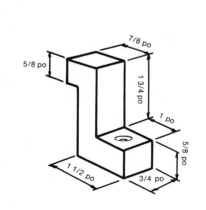

Pot

1 7/8 po

7/8 po

1 po

5/8 po

1/2 po

1/2 po

1 po

1 1/2 po

1 3/4 po

5/8 po

2 3/8 po

7/8 po

5/8 po

1 3/4 po

1 po

5/8 po

1 1/2 po

3/4 po

Un mobile

La résidence est suspendue et peut être fabriquée avec du *Coroplast*, ou tout simplement du carton ondulé. Simple à réaliser, cette cabane vous permet de choisir le matériau que vous préférez et d'en faire un grand nombre si vous le désirez. Avec un bon revêtement (peinture plastique), le carton ondulé peut être très économique. Cependant, comme vous jetterez cette cabane au rebut à la fin de la saison, faites-vous un patron réutilisable.

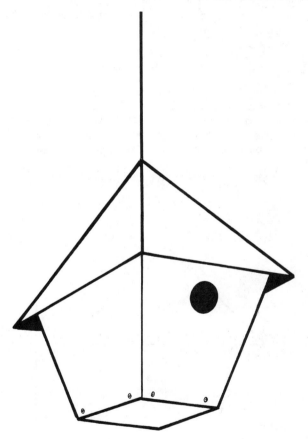

Note: Cette cabane peut aussi être utilisée pour l'hirondelle bicolore avec une ouverture de 1 1/2 po et pour la mésange avec une ouverture de 1 1/4 po.

93

Matériaux:

Plastique, carton ou autre matériau de 21 x 28 po (pièces A et B)
Pin ou autre essence de bois 1/2 x 4 x 4 po (pièce C)
8 vis n° 10 de 1/2 po, à tête ronde
Corde
Colle
Silicone

Énumération des pièces:

A. et B. Suivre le patron ci-dessous pour y découper les pièces dans le matériau de votre choix
C.   Petit bloc de pin de 1/2 x 4 x 4 po

Assemblage:

1. Effectuer l'assemblage du toit et de la base tel qu'illustré ci-dessous
2. Visser le petit bloc de bois à la base de la pièce B
3. Installer les cordes dans chaque trou de chaque coin de la pièce B
4. Réunir les 4 cordes en une seule, passer cette dernière à travers le toit et fixer à un arbre ou à l'endroit désiré. Boucher le trou au sommet du toit avec du silicone

Note: Appliquer plusieurs couches de peinture plastique si on utilise du carton

Façade

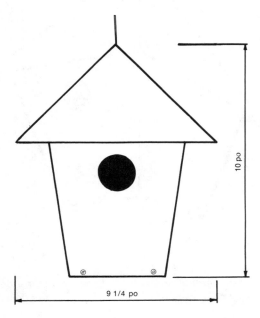

Assemblage du toit

Appliquer de la bonne colle sur la partie indiquée à cet effet et joindre le coin 1 au coin 2
Couper la pointe du sommet pour laisser passer la corde

Assemblage de la base

Même façon de procéder que pour l'assemblage du toit

Perspective d'assemblage

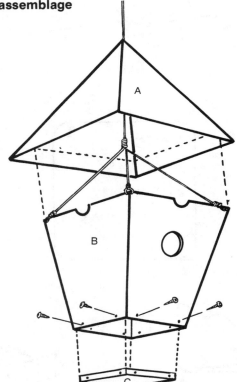

Pièce A — Patron — 1 des 4 côtés

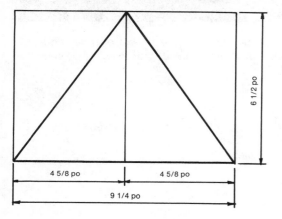

6 1/2 po

4 5/8 po   4 5/8 po

9 1/4 po

Pièce A avec tous les côtés

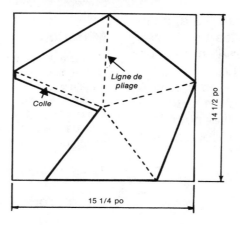

Ligne de pliage

Colle

14 1/2 po

15 1/4 po

Assemblage du toit

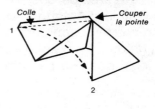

Colle   Couper la pointe

1

2

Pièce B — Patron — 1 des 4 côtés

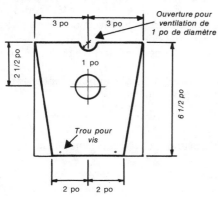

3 po   3 po

Ouverture pour ventilation de 1 po de diamètre

2 1/2 po

1 po

6 1/2 po

Trou pour vis

2 po   2 po

Assemblage de la base

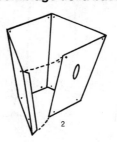

2

Pièce B avec tous les côtés

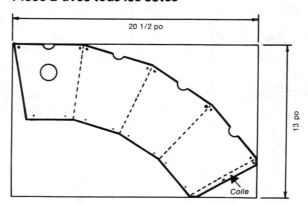

20 1/2 po

13 po

Colle

95

Pour le canard branchu

Si vous avez la chance d'habiter au bord de l'eau et qu'une partie de votre terrain présente un secteur en friche parfois inondé au printemps, vous êtes choyé des dieux.

On les appelait autrefois canards huppés, on les appelle maintenant les branchus. Ils vous visiteront certes un de ces printemps. Si ces joyaux choisissent d'habiter l'un de vos nichoirs, vous saurez ce que signifie réelle beauté.

Aucun oiseau d'Amérique du Nord ne peut se comparer à cette jolie créature. Et son port de seigneur, quand il courtise sa désirée, est unique. La peinture brune est à conseiller pour l'extérieur; les logis que l'on peinture de cette couleur sont choisis les premiers.

Un logis de rêve

Le nichoir est fabriqué à partir d'un cylindre de carton pour couler le ciment (vendu là où l'on trouve des matériaux de construction), selon un concept simple et efficace.

Matériaux:

Cylindre de carton de 12 po de diamètre x 24 po de hauteur (pièce A)
Contreplaqué de 1/2 x 25 x 38 po (pièces C, D, E)
Feuille d'aluminium de 12 x 12 po (pièce B)
Petit grillage de 14 x 38 po
8 vis n° 10 de 3/4 po, à tête ronde
Tige de 1/4 po de diamètre x 13 po
Élastique
Crochet
2 élastiques pour porte-bagage

Énumération de pièces:

A. Cylindre de carton de 12 po de diamètre x 24 po de hauteur. Tracer et couper un ovale de 4 x 6 po, à 16 po du bas. Faites quelques ouvertures pour l'aération au sommet du cylindre. Percer un trou de 1/4 po de chaque côté du sommet pour laisser passer la tige de bois (voir *Profil*)
B. Feuille d'aluminium de 12 po de rayon (24 po de diamètre). Découper avec des ciseaux à métal une "pointe de tarte" de 45 degrés environ
C. Rondelle: découper au même diamètre intérieur que le cylindre. Percer quelques trous d'égouttement
D. 2 pièces de contreplaqué de 7 x 13 po. Percer 6 trous de 1/8 po dans une des deux pièces D
E. 2 pièces de contreplaqué de 13 x 24 po dont un des côtés est taillé pour épouser la forme du cylindre (voir illustration)

Assemblage du logis:

1. Insérez la pièce C à la base du cylindre et visser de chaque côté
2. Insérer le cylindre-grillage
3. Insérer la tige de bois dans les deux trous au sommet
4. Installer le crochet, l'élastique et le toit avec le petit bloqueur (petite tige de bois)
5. Fixer ensuite au support de bois

Assemblage du support:

Clouer solidement les pièces D entre les deux pièces E. Les 4 vis seront vissées à une distance déterminée en fonction de la longueur des élastiques, ajuster selon le cas.

Note: Les élastiques doivent être étirés au maximum.

Relier le coin 1 au coin 2, coller avec de la colle contact ou des rivets

Cylindre-grillage:

L'insérer au fond du cylindre de carton, il ne doit pas dépasser le trou

Façade

Trou de 1/4 po de diamètre

30 po

6 po

Élastique de porte-bagage

Profil

Trous d'aération

Voir illustration Méthode de fixation du toit

8 po

16 po

4 po

environ 12 po

30 po

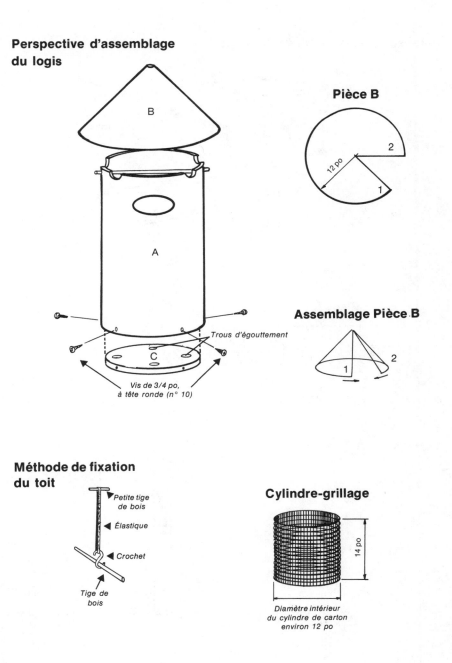

Perspective d'assemblage du logis

B

A

C

Trous d'égouttement

Vis de 3/4 po, à tête ronde (n° 10)

Pièce B

12 po

2

1

Assemblage Pièce B

1

2

Méthode de fixation du toit

Petite tige de bois

Élastique

Crochet

Tige de bois

Cylindre-grillage

14 po

Diamètre intérieur du cylindre de carton environ 12 po

Perspective d'assemblage du support

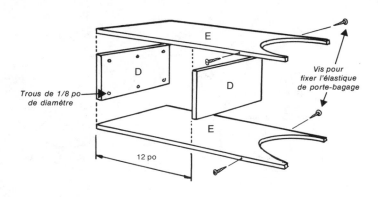

E

D

D

E

*Vis pour
fixer l'élastique
de porte-bagage*

*Trous de 1/8 po
de diamètre*

12 po

Pièce E

13 po

6 1/2 po

6 po

24 po

Débitage

26 po

13 po 13 po

38 po

E

E

24 po

C

D

7 po

D

7 po

Nous abattions, un jour, chez nous de vieux arbres morts pour des raisons esthétiques et aussi pour donner aux survivants, aux nouvelles pousses, une chance de s'épanouir, de profiter.

L'un de ces troncs cachait, en son intérieur creux, une cavité de près d'un pied de diamètre. Nous l'avons coupé, puis fixé à une souche, recouvert d'une planche excédant sur tous les côtés et doublée de bardeaux d'asphalte en guise de couverture.

Tous les ans, les branchus viennent y écornifler. Il semble cependant que la proximité de la maison leur fait changer d'idée en cours de route. Nous ne perdons pourtant pas espoir.

Pour la chauve-souris

Le secret: les chauves-souris aiment une maison qui serait un sauna pour d'autres animaux. Quatre-vingt dix degrés représente pour elles la température idéale, puisque les petits sont quasi nus jusqu'à leur maturité.

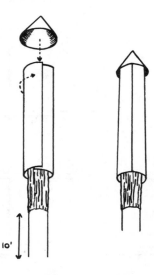

10'

Si vous orientez l'ouverture vers le sud, bravo! Cependant, les après-midis intolérables de l'été, l'ombre est à conseiller. Ils ne doivent pas, à cette période de la journée, recevoir directement cette intense chaleur.

Alors que faire? On fixe au sommet d'un poteau métallique un tronc d'une dizaine de pouces de diamètre à l'écorce très rugueuse. Au haut de ce tronc, on fixe du papier goudronné. On scelle ce papier avec du goudron pour que, sous ce joint bien étanche, la résidence soit parfaitement imperméable. Ce papier recouvrira le tronc en laissant entre lui et l'écorce un espace libre de trois quarts de pouce d'épaisseur au bas. Le papier peut recouvrir l'écorce sur une distance de deux pieds environ. Pour aider à maintenir une température égale, on peut ajouter une ou plusieurs autres épaisseurs de papier goudronné et imperméabilisé.

Ce nichoir un peu spécial se situera à une distance d'au moins dix pieds du sol et sera protégé contre chats et écureuils par un cône métallique inversé formant comme un parapluie.

Ces mammifères sont reconnus comme de grands mangeurs de maringoins, peut-être même supérieurs aux hirondelles pourprées, puisqu'ils évoluent dans le ciel à la période où ces insectes sont le plus actifs: à la tombée du jour.

Si vous habitez près d'un cours d'eau, d'un lac ou même d'un étang, vos chances d'accueillir ces visiteuses n'en seront que meilleures.

Pourquoi vous avons-nous recommandé cette habitation? Parce que les chauves-souris pourront, grâce à cette espèce de refuge circulaire, tourner tout autour du tronc et choisir l'endroit le mieux orienté et le plus confortable, selon la position du soleil.

Pour la tourterelle

Avez-vous, près de votre maison, une grosse branche surplombant l'une de vos fenêtres ou s'étalant à l'horizontale, capable de supporter la légère structure que nous vous proposons?

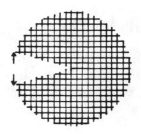

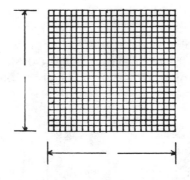

Deux matériaux, sont acceptables. Du treillis métallique avec des carreaux de 1/4 ou 1/2 po où vous découpez une forme de 9 po^2. Vous prenez bien soin d'éliminer les aspérités ou de plier vers l'intérieur tout fil de fer qui excéderait. Vous découpez alors dans cette pièce un cercle de même diamètre. Puis, comme si vous découpiez un morceau de tarte, vous enlevez une pointe de deux pouces.

Vous joignez ensemble les deux parties disjointes de votre cercle avec un fil de laiton et vous allez fixer ce cône peu profond à la branche choisie.

Vous insérez dans le grillage de minces et longues branchettes comme si vous étiez un oiseau qui met en place l'infrastructure de son nid, et il ne vous reste plus qu'à espérer qu'un couple de tourterelles tristes viennent le compléter.

Les tourterelles sont des oiseaux qui aiment coucher à la belle étoile et elles ne sont pas très exigeantes quand à la sécurité et à la durabilité de leur construction. Un nid de merle ou de guiscale (mainate bronzé ou rouillé) abandonné leur servira souvent de base.

Elles ne gagneront jamais de prix d'excellence pour la construction la plus solide ou la plus sécuritaire. Là n'est pas leur priorité. Leurs deux premiers tourtereaux envolés, elles récidivent déjà: le mâle roucoulant, la femelle couvant, et on remettra ça une troisième fois si la saison n'est pas trop avancée.

Pour le pic

Si le défi d'héberger des pics vous tente, il n'est pas à recommander d'aller dans la nature couper un chicot où a déjà niché un pic-bois. C'est déshabiller Tit-Pierre pour habiller Tit-Paul.

Ramassez plutôt, après un violent orage, un vieux tronc ayant hégergé un pic et que le vent a cassé. Nous l'avons fait, cela donne un beau nichoir qui se marie à l'ambiance sylvestre.

Ou bien fabriquez-en un dans une pièce de bois, non écorcé de préférence. Ce peut être une véritable oeuvre d'art.

Certains oiseaux qui nichent en cavités sont des migrateurs, d'autres demeurent avec nous toute l'année. Je pense particulièrement aux pics chevelus et aux pics mineurs, qui sont capables de bâtir leur propre maison et qui en recommencent une nouvelle à chaque année.

Il ne faut pas rêver d'en voir un jour dans nos jardins, où les arbres morts ont été presque tous coupés à ras le sol. C'était laid, dangereux. La scie mécanique a fait ses ravages. Les pics doivent donc aller vers les forêts laissées à elles-mêmes, en friche.

Il est même inutile de laisser les troncs d'arbres morts en place comme nous l'avons fait. Depuis six ans, plus d'une demi-douzaine de fois des pics flamboyants ont tenté de s'installer. En chaque occasion ils ont été chassés par les sansonnets.

Un couple de pics mineurs se sont escrimés du bec sur un de ces troncs, surtout maman pic. Mais aussitôt qu'ils eurent emménagé, un couple de moineaux les ont évincés. Nous continuons pourtant d'espérer. On nous laisse cependant croire, dans tous les livres consultés, que le pic mineur s'accommodera d'une entrée de 1 1/4 po de diamètre. Néanmoins, les moineaux réussissaient toujours à s'introduire dans les demeures creusées par maman pic, alors que dans le cas d'un nichoir bâti de main d'homme, ils ne réussissent pas à pénétrer dans une ouverture inférieure à 1 3/8 po. Qui croire? Les hommes ou les oiseaux?

Le tronc évidé

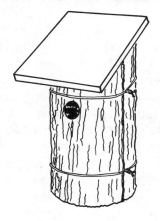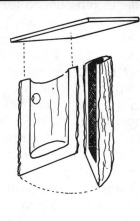

Matériaux

Bûche
Contreplaqué 3/4 x 12 x 12 po

Préparation

Couper en deux une bûche de 10 po de diamètre x 15 po de hauteur, en vider le centre avec un ciseau à bois.

Percer une ouverture de 1 1/2 po de diamètre dans une des deux parties. Attacher avec 2 bouts de fil de fer galvanisé. Couper la partie supérieure avec un angle et fixer un toit de 12 x 12 po en contreplaqué en pin ou autre. Fixer à un arbre.

Le secret d'un nichoir pour pic flamboyant

L'une des plus ingénieuses initiatives pour attirer le pic flamboyant et l'inciter à nicher où vous le désirez, on la doit à un monsieur A.J. Boersma de Sioux Center en Iowa.

D'abord, il fabrique, avec de la dosse de cèdre d'au moins 1 1/2 po d'épaisseur, une boîte d'environ 1 pi de profondeur et de 6 à 8 po de diamètre. L'ouverture de 2 1/2 po se trouve près du sommet du nichoir. La toiture peut se soulever.

Il remplit cette cavité jusqu'à l'ouverture de bran de scie mouillé puis fortement pressé. Il l'installe très tôt au printemps. Jamais encore sansonnets n'ont pris l'initiative d'évider cette demeure ainsi présentée mais le pic flamboyant s'imagine qu'il vient de gagner le gros lot: un tronc vermoulu à souhait, et il s'empresse de l'excaver jusqu'à la profondeur désirée pour y nicher. Vous devrez éviter de l'installer trop près des lieux habités. Il vous faudrait le policer à coeur de journée. Un de ces petits matins (les sansonnets sont très matinaux à la belle saison), votre aventure se terminerait en queue de poisson.

Chapitre six
Les indésirables:
moineaux et sansonnets

Moineaux et sansonnets sont des espèces d'origine européenne. L'erreur humaine a voulu qu'ils aient été importés en Amérique du Nord au XIXe siècle.

Ces robustes granivores se sont développés grâce à la présence de l'homme dont ils sont devenus dépendants: ils ont trouvé sur nos territoires des ressources à profusion et se sont multipliés au même rythme que celui avec lequel l'homme modifiait la nature. Ils sont devenus une peste, un peu à l'image des rats chez les mammifères.

L'altération de la nature par l'homme et la prolifération du moineau et du sansonnet n'ont pas été sans nuire aux oiseaux indigènes qui ont vu détruire leur maison et piller leurs ressources.

Par exemple, nous avions autrefois au pays un oiseau qui recherchait la présence de l'homme: le merle bleu à poitrine rouge. Il consentait à s'établir au jardin à condition qu'on lui fournisse un gîte.

David Thoreau, le grand naturaliste philosophe américain, y fait sans cesse allusion dans son journal.

Et le modernisme a accompagné l'invasion des moineaux et des sansonnets. Les vieilles clôtures de cèdres évidés ont fait place aux clôtures métalliques, éliminant ainsi beaucoup de sites de nidification pour les merles bleus.

Les vergers, dont les vieux arbres vermoulus offraient asile à ces oiseaux, se voyaient peu à peu remplacés par des sites mieux aménagés, aux arbres mieux entretenus et protégés par de multiples arrosages de pesticides et d'insecticides. Les insectes, l'unique nourriture des merles bleus au temps de la couvée, se raréfiaient.

Mais le plus grand tort, celui-là causé par des sédentaires importés, était l'accaparement avant l'arrivée des migrateurs de toutes les cavités créées par les pics à la saison précédente. L'homme voulait-il remédier à la situation en installant des nichoirs? Ils étaient monopolisés avant l'arrivée de ceux à qui ces maisonnettes étaient destinées.

Alors, s'il est dans vos intentions d'offrir des logis aux légitimes occupants du pays, il vous faudra considérer notre point de vue et suivre nos conseils tirés de notre expérience.

Il vous suffira de voir une fois un de vos nichoirs réclamé par un merle bleu ou une hirondelle bicolore être pris d'assaut par un moineau mâle pour comprendre. Le combat n'est jamais long. On n'organise jamais un tournoi entre un poids lourd et un poids coq. Un coup de bec de granivore à un insectivore et le combat cesse faute de combattants.

Le jour où vous découvrirez vos jeunes hirondeaux bicolores tirés hors du nid et jetés sur le pavé, votre sang ne fera qu'un tour. Un matin, vous ne verrez plus votre femelle merle bleu au logis qu'elle occupait, vous verrez papa moineau gueuler comme un putois, juché sur le toit de la cabane.

Vous dresserez l'échelle, vous investiguerez. Neuf fois sur dix, vous trouverez la petite maman oiseau bleu ou hirondelle bicolore, le crâne défoncé, en train de pourrir incorporée à l'amoncellement qui forme le nid du moineau. Ce jour-là, peut-être vous joindrez-vous à notre croisade.

Moineaux, sansonnets et insectivores migrateurs ne peuvent cohabiter.

Que faire alors?

Chaque voyage décime les populations d'oiseaux migrateurs d'un tiers. Nous l'avons vérifié avec notre colonie de pourprées depuis six ans déjà. Les sédentaires, moineaux et sansonnets, ne connaissent pas les aléas du grand voyage de nos oiseaux indigènes et ils sont les premiers installés. Il ne faut donc jamais, au grand jamais, installer les nichoirs ou les ouvrir avant l'arrivée de ceux à qui on les destine.

Certains oiseaux tels le merle bleu ou l'hirondelle bicolore ont besoin d'une ouverture minimum de 1 1/2 po de diamètre, suffisante pour que le moineau s'y introduise. À un minimum de 2 po pour la pourprée, le sansonnet intervient. Et quand ces deux chevaliers d'industrie entrent dans la compétition, il n'y a plus de loi. Ils s'imposent partout.

Que faire devant ce problème? Contrôler de façon active les populations de moineaux et de sansonnets.

À certains endroits, la tâche est surhumaine. Installez mille nichoirs dans les jardins publics, les parcs, les cimetières, les terrains de golf sur l'île de Montréal. Si vous héritez d'un couple de merles bleus, chapeau! Vous aurez peut-être le privilège de voir un combat épique entre un couple de bicolores et des moineaux, mais l'issue du combat dans la majorité des cas est prévisible.

Il faut donc un contrôle de tous les instants, et seules des personnes y consacrant une grande partie de leurs loisirs peuvent entreprendre cette aventure. Munissez-vous d'une bonne carabine à plomb pour policer le terrain, d'un trébuchet appâté au pain à longueur d'année et d'un dispositif de piège dans le nichoir si nécessaire. Même ainsi équipé, préparez-vous à des frustrations.

Si vous abattez la femelle mais que vous manquez le mâle, vous n'êtes pas au bout de vos peines. Il vous rendra fou. Nous ne nous voyons pas partant en guerre pour aller détruire les moineaux dans leur dortoir en automne ou en hiver. L'opinion publique n'est pas encore prête, et ne le sera pas de sitôt, à tolérer pareille initiative. L'éducation populaire est encore totalement à faire pour en arriver là.

Enlever d'un nichoir le nid d'un moineau? Deux heures après, il l'aura remis à sa place si on l'a laissé traîner au sol. Il faut le brûler ou le mettre à la poubelle.

Certains enlèvent les oeufs, les font bouillir quelques minutes et les remettent au nid. On rapporte que la femelle couve longtemps.

Mais, quoi qu'on fasse, le moineau, dans les grandes villes, est implanté pour y rester, comme les rats. Essayons cependant de contrôler ses populations dans nos pistes de merles bleus et autour de nos colonies de pourprées.

Le comportement du moineau

À cause de son comportement, le moineau gagne à peu près toujours sa bataille contre nos merles bleus, nos hirondelles bicolores et pourprées.

Le même moineau mâle choisit son site tôt au printemps, et son attachement à son logis est plus fort encore que le lien qui le lie à sa compagne. Détruisez un nid de moineaux, la femelle quitte les lieux et va s'établir ailleurs avec un autre soupirant.

Le mâle, lui, continue de hanter son territoire et de criailler comme un forcené sur le toit de sa maisonnette: "Cheap, cheap, cheap", jusqu'à ce qu'une autre compagne se laisse attendrir par sa ténacité.

Le merle bleu mâle n'a pas le même comportement. Il choisit un site, mais c'est sa compagne qui fait le choix définitif, et quand enfin le nid est terminé, ils s'absenteront tous les deux pour un court voyage de noces pour découvrir au retour le logis occupé.

Les hirondelles ont aussi la manie de pique-niquer loin du logis, tous les après-midi ensoleillés. Au retour, les moineaux, qui ne se trouvent jamais à plus d'un jet de pierre du site, ont accaparé le nichoir et il est impossible d'en faire sortir un moineau mâle ou femelle qui s'y est établi.

Il faut comprendre que les oiseaux indigènes doivent récupérer physiquement d'une longue migration en mangeant abondamment alors que notre sédentaire est déjà gras comme un voleur.

Tous ces comportements font que le moineau établi est quasi indélogeable. Il serait temps que ceux qui ont à coeur la survie d'espèces menacées amorcent une campagne d'éducation populaire pour informer le public des impératifs majeurs de la conservation: Ne pas nourrir ces oiseaux de tout l'hiver;

Une cabane idéale... pour moineaux et sansonnets

éliminer tous les sites possibles de nidification qu'ils fréquentent; et aussi souvent que faire se peut détruire nids, oeufs, et, quand c'est possible, l'oiseau lui-même.

Combien en avons-nous connu, de ces rêveurs qui s'étaient juré d'offrir asile à des oiseaux tels les pourprées, mais qui, après de longues années de vaines tentatives et d'espoirs frustrés, ont laissé leurs maisonnettes devenir des taudis où prolifèrent moineaux et sansonnets, nuisant justement à l'espèce qu'ils voulaient héberger.

On ne bâtit pas un nichoir et on ne le flanque pas au haut d'un grand mât sans plus s'en préoccuper. Agir ainsi, c'est aller à l'encontre de l'objectif visé: aider les oiseaux.

Les six objectifs en vue de contrôler les moineaux

Le premier objectif: Éliminer les perchoirs (sauf pour les pourprées) et ne jamais tolérer qu'un moineau s'établisse dans l'un de vos nichoirs.

Le deuxième objectif: Si vous devez abattre un moineau, de grâce n'abattez jamais la femelle en premier lieu. C'est son conjoint du moment qui a signé le bail, pas elle. Si vous l'abattez lui, elle désertera le gîte et ira vite s'acoquiner ailleurs avec quelque âme en peine. Mais lui, si vous tuez sa compagne, il l'aura remplacée dans les jours qui suivent, mais non sans avoir fait visiter les lieux à toutes les traînées du coin.

Et de la persistance, ce mâle esseulé en a à revendre. Vous vous montrez la barbiche, il disparaît comme une ombre. À peine avez-vous remis le nez à l'intérieur qu'il récidive dans sa tentative de réintégrer son chez-lui. Et à ce jeu, il aura votre peau. Si l'on prétend que chat échaudé craint l'eau froide, c'est un moineau mâle ayant appris à se méfier qui lui a donné sa première leçon.

Le troisième objectif: Ne jamais laisser une fissure ou une planche disjointe aux murs ou au toit de votre maison. Le moineau ne s'éloigne jamais de la civilisation. S'il vous adopte, débarrassez-vous-en.

La maison a-t-elle belle allure, est-elle bien entretenue? Il se rabattra sur la remise, le garage, sinon les gouttières.

À la ferme, il est une plaie; le grenier, la grange, tous les bâtiments lui sont asiles.

Dans la grange, souvent le premier nid d'hirondelles, de celles qui nichent en ce bâtiment, lui servira de logement. C'est la loi du plus fort.

La réserve de grains du fermier, il la connaît mieux que son propriétaire et de là à mouiller de ses fientes ce qu'il ne peut consommer, pas de gêne. On dirait qu'il a appris du glouton à salir de ses excréments ce qu'il ne peut dévorer. Et voilà pour l'image. Vous pensez que j'exagère. Demandez aux cultivateurs de votre connaissance.

Le quatrième objectif: Tout propriétaire d'une piste de merle bleu devrait prévoir ce qu'un copain à nous, Jack Finch de la Caroline du Nord, appelle le syndrome de la deuxième année.

Je m'explique. Quand on installe une piste de merles bleus, on la fait commencer à l'accoutumée à au moins cinq cents pieds des habitations. La première année, pas de problème, mais vite les moineaux découvrent les extrémités du sentier et s'y installent. Il faut vous éloigner des habitations. Sans quoi la tache de graisse envahit toute la piste.

Le cinquième objectif: Si l'on pouvait convaincre toutes les bonnes gens qui partagent avec eux leur pain de s'en dispenser, nous marquerions un point.

Si chaque fermier scellait un peu mieux les entrées des greniers ou des silos où il emmagasine sa récolte, ce serait un autre pas dans la bonne voie. Si chaque citadin ou villageois se débarrassait du nid encombrant et malpropre que le moineau impose à notre vue, ce serait encore mieux.

Le sixième objectif: Un moineau s'est-il installé dans l'un des nichoirs de votre piste de merles bleus qu'il vous faut aviser, et vite. Le dénicher? Il ira s'installer dans la cabane voisine. Alors... il ne reste qu'une seule solution: la porte-trappe.

La porte-trappe

Voici comment fabriquer ce dispositif très simple qui vous permet d'éliminer les indésirables de vos cabanes.

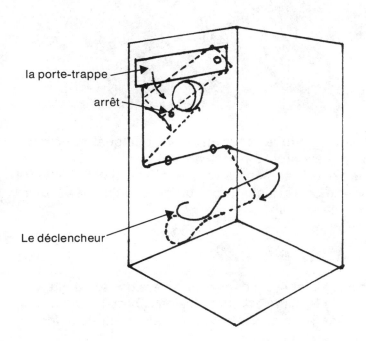

la porte-trappe

arrêt

Le déclencheur

Les éléments importants: de bonnes pinces bien coupantes et un cintre de fil de fer pas trop rigide. Une deuxième paire de pinces à mâchoires pointues.

À l'extrémité de la tige droite qui servira de support soutenant la porte-trappe, on plie d'environ 1/4 po en repliant vers le bas et vers l'intérieur. La porte-trappe s'appuiera sur cette partie incurvée.

La longueur de cette tige dépendra de l'endroit où on la fera passer dans le premier oeillet placé près du fond du nichoir.

On pliera alors à angle droit jusqu'à l'autre oeillet. Puis un autre pliage à 90° vers l'intérieur, et là, on fera en sorte que l'oiseau qui s'introduit dans le nichoir ne puisse faire autrement que de se poser sur la partie du cintre que l'on fera excéder comme un perchoir. Ce faisant, l'oiseau libérera la porte qui s'abattra jusqu'au cran d'arrêt placé pour la retenir et sera ainsi fait prisonnier.

Le comportement du sansonnet

Les pics près des maisons, aussi bien en faire son deuil. Il serait temps, après tant d'années d'infructueuses tentatives que l'on démystifie le problème.

Si des sansonnets nichent dans votre jardin, bâtir pour pic flamboyant, pic chevelu, moucherolle huppé, crécerelle, petit duc ou nyctale, c'est s'exposer à des frustrations inimaginables.

Nous croiriez-vous si nous vous avouions que nous n'avons jamais eu le plaisir de voir un couple de pics flamboyants ou de pics chevelus mener à bon port une nichée autour de la maison? Nous en avons pourtant connu de ces couples que rien ne pouvait intimider; quand son conjoint s'absentait, l'autre le remplaçait; même l'acte de reproduction se faisait à proximité du nid.

Tôt ou tard, l'un des deux s'oubliait, les sansonnets veillaient aux aguets, et même le dur et puissant bec d'un pic ne peut évincer un *starling** qui passe la tête par l'ouverture d'un logis.

---

* *Starling*, nom anglais du "sansonnet".

Entre-temps, un confrère ou le conjoint apportera sa "brassée" d'herbe humide, les oeufs seront perforés ou jetés hors du nid et les pics devront recommencer ailleurs, dans le fond des bois que les sansonnets n'ont pas encore conquis.

Toute stratégie leur est bonne. Ils s'y mettent à plusieurs couples ou même à toute la portée, quand elle a pris son envol, pour harceler les propriétaires des lieux. Et soyez assurés que leur option sur le logis est déjà prise pour la saison prochaine.

Une cavité où peut s'introduire le sansonnet, s'il y en a dans le décor, même choisie par la crécerelle d'Amérique,sera réquisitionnée, besoin pas besoin, par ce bandit de grand chemin. Ces petits faucons, mâle et femelle, sont pourtant des chasseurs émérites, mais au temps des amours la parade nuptiale les conduit souvent loin du logis. Vous retrouvez les oeufs au sol, et ces si jolis oiseaux à peine plus gros que leurs voleurs auront déserté le nid.

Pourquoi cet acharnement à dénoncer ce brigand? Nous avons la conviction intime que, quand les insectivores disparaîtront, ce sera la fin de la race humaine.

Et la proximité du jour où s'éteindront les insectivores dépend de leur évincement par les granivores. Les oiseaux noirs ont proliféré depuis le début du siècle à tel point que les fermiers doivent protéger leurs récoltes de maïs, d'avoine, de blé ou autres grains contre ces hordes innombrables avec des canons au gaz propane.

Ces oiseaux noirs: quiscales (mainates), carouges, vachers ou sansonnets, ont souvent maille à partir avec beaucoup d'insectivores. Ils dévorent leurs réserves de fruits d'hiver... volent leurs oeufs ou leurs petits. Nous ferions peut-être une exception pour les carouges qui ne nichent pas en cavité; même les quiscales s'accaparent parfois de la demeure des branchus. Point n'est notre propos de faire ici le procès des oiseaux noirs qui, incidemment ne sont pas protégés, mais on ne devrait jamais au grand jamais permettre à des sansonents de nicher dans nos cabanes et même dans nos parages. Chaque fois que c'est possible, il faut les éliminer sans autre forme de procès.

Un piège miraculeux

Un piège comme celui suggéré à la page 108 fera des miracles.

Les débuts seront d'autant plus laborieux que l'environnement regorgera de moineaux. Nous avons rêvé pendant plus de soixante ans à un tel stratagème pour capturer tout ce qui

pouvait hanter un territoire. Nous en avions quelquefois entendu parler; il y eut par exemple l'*Australian Crow Trap*. L'été dernier, nous avons fait expressément le voyage à Red Dear en Alberta pour découvrir le secret détenu par un personnage légendaire dans le coin: Charlie Ellis.

Qui est Charlie Ellis?

Ses parents s'établirent comme fermiers dans la petite ville de Lacombe dans le district de Prestiss en Alberta. À la mort de leurs parents, Charlie et sa soeur Winnie héritèrent de la ferme.

Dans les années 50, ils s'intéressaient déjà aux oiseaux. Ils apprirent de John Lane, celui qui lança l'idée de la piste du merle bleu qui s'étend sur plus de 2 000 milles dans l'Ouest canadien, à ériger des nichoirs pour ces oiseaux. Dès 1970, leur ferme abritait la plus importante densité au mille carré de merle bleu de montagne dans toute l'histoire de ce magnifique oiseau, le petit cousin de notre merle bleu de l'Est de l'Amérique.

En 1984, l'Alberta les honorait de l'Ordre du Mouflon en reconnaissance de leur apport à la conservation de la faune dans leur province.

Mais comment ont-ils pu réaliser ce haut fait? Charlie Ellis avait décidé de faire la guerre aux envahisseurs que représentaient les moineaux et les sansonnets. À différents endroits stratégiques de sa ferme il avait érigé ses pièges. Une trouvaille de génie! Il élabora un verveu: les poissons y entrent à l'horizontale, les oiseaux à la verticale. Simple, n'est-ce pas, il suffisait d'y penser. L'entrée on la trouve, la sortie jamais.

Au moment où nous écrivons ces lignes, nous venons de libérer de ce piège une pie grièche migratrice qui était en train de picorer la cervelle de l'un de nos pensionnaires. En voilà une qui nous débarrasse de nos indésirables, avons-nous pensé, mais pour vite déchanter. Il n'y en avait pas plus de cinq ou six dans notre petite prison; le minimum requis pour qu'elle fonctionne bien, nous avait affirmé son concepteur. Nous nous sommes empressés de lui rendre sa liberté.

C'est d'ailleurs le seul impératif qu'il faille respecter pour utiliser avec succès ce dispositif: soyez aux aguets afin d'être toujours en mesure de libérer un oiseau indigène qui s'y serait glissé par erreur.

Soir et matin, il faut le visiter et aussi connaître un peu les oiseaux. Un pinson chanteur ou hudsonien, enfin tout pinson, pour un non-initié, ressemble quelque peu à la femelle du moineau. Or les pinsons sont des oiseaux migrateurs protégés par la loi et, même si ce n'était pas le cas, tous les pinsons sont des oiseaux utiles, très utiles. Il ne faut pas les détruire et encore moins les garder en cage. À l'aide d'un filet à long manche, il faut les retirer du piège et les libérer.

Et pour qui connaît les prairies de l'Ouest canadien, avec ses grandes étendues dépourvues d'arbres et de populations d'oiseaux, imaginez combien cette trouvaille est phénoménale. Dans les grands espaces découverts, les moineaux n'abondent pas, ils se rassemblent cependant autour des habitations où ils trouvent un abri, des arbres, de la nourriture et tout ce qui est nécessaire à leur survie.

Cependant, pour que le piège fonctionne bien, il faut qu'il y ait plus de moineaux à l'intérieur qu'à l'extérieur. Ce sont ses instincts grégaires bien plus que la faim qui déterminent la conduite de cet oiseau.

Disposez cette trappe là où les moineaux pullulent. Cela prendra du temps avant que le piège fonctionne à sa pleine capacité. Nous vous conseillons d'adopter la stratégie suivante: Appâtez tout autour du piège uniquement avec du pain. Les moineaux s'habitueront vite à y venir en toute confiance. Disposez ensuite du pain sur la partie supérieure du piège en l'incorporant aux mailles. Les oiseaux apprendront à s'y poser pour se nourrir. Enfin, placez le pain à l'intérieur.

Vos premières captures se feront à un rythme très espacé. Quand vous aurez près d'une douzaine de pensionnaires, la roue tournera sans même que vous ayez besoin de mettre la main à la pâte. Il vous faudra cependant les nourrir tous les jours et leur apporter de l'eau fraîche.

Ce piège est si efficace que, le jour où vous aurez pris le contrôle de la population ambiante de moineaux, les nouveaux arrivants dans le territoire seront déjà dans le piège avant que vous n'ayez noté leur présence.

Chez nous, ça fonctionne à merveille. De nouveaux venus se manifestent-ils dans le décor, que nos pensionnaires s'égosillent en cherchant à communiquer avec eux. Et notre tribu s'enrichit.

Note: Pour les moineaux, on ajuste l'ouverture à 1 1/2 po et pour les sansonnets à 2 po.

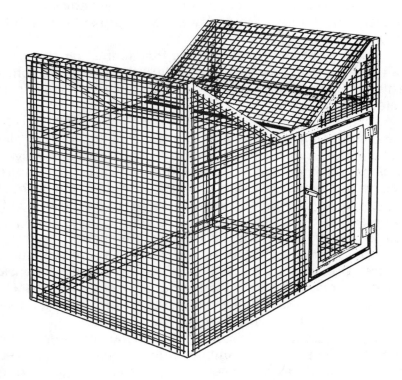

Matériaux:

90 pi 0 po de pin, d'épinette ou de cèdre de 2 x 2 po (1 5/8 x 1 5/8 po)
pièces A, B, C, D, E)

(Grillage fin de 48 po x 28 pi (pièce F)

Clous de 2 1/2 po

Clous à toiture

Tôle galvanisée de 48 x 20 po (pièce G)

2 charnières

1 tige filetée de 3/8 po de diamètre x 6 po

Dimension générale

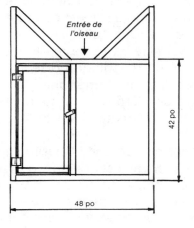

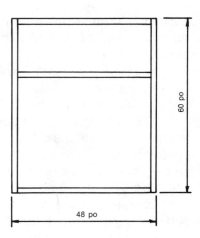

Outillage:

Boîte à onglets

Égoïne

Marteau

Ciseau à métal

Perçeuse, mèches de 3/8 po et de 5/16 po

Assemblage:

1. Percer un trou de 3/8 po par 3/4 po au centre de B3 et de B4 (voir schéma)
2. Insérer une tige filetée à chacune des extrémités de A8. Pour ce faire, percer un trou d'un diamètre légèrement inférieur à 3/8 po, soit environ 5/16 po, puis frapper avec un bloc de bois dur et un marteau sur la tige jusqu'à ce qu'elle ne dépasse plus que de 2 po environ
3. Recouvrir A7 et A8 de tôle galvanisée. Dans le cas de cette dernière pièce, laisser la tôle excéder d'au moins 5 po pour fermer l'ouverture qui la sépare de A9 (voir *Entrée*)
4. Monter la base du piège, c'est-à-dire clouer ensemble A1, A6, B1, B2, ainsi que C1, C2, C3 et C4
5. Clouer en place A, A5, B3 et B4
6. Clouer en place A3 et A4
7. Clouer E en place

8. Clouer en place D1, D2, D3 et D4
9. Clouer en place A7 et A9. Déterminer la position exacte de A7 en fonction de celle de A8 pour avoir une ouverture maximale de 2 po et une ouverture minimale de 1 1/2 po
10. Assembler la porte et la mettre en place. Un petit bloc de bois fixé avec une vis sur la pièce E servira de verrou
11. Découper le grillage avec des ciseaux à métal et le clouer en place à l'aide de clous à toiture. Faire très attention pour ne pas se blesser avec les extrémités du grillage. Replier les bords avec une pince pour éviter tout accident

Débiter le bois de la façon suivante:

Pièces A et B: 13 morceaux de 44 3/4 po
Pièces C: 4 morceaux de 60 po
Pièces D: 4 morceaux de 26 po (couper les extrémités en biseau à 45 degrés)
Pièces E: 1 morceau de 38 3/4 po
Porte: 2 pièces verticales de 34 1/2 po
             2 pièces horizontales de 17 po

Voici la section la plus complexe...

Pour empêcher que les oiseaux ne s'échappent en s'agrippant aux rebords de A7 et A8, recouvrir ces pièces de tôle galvanisée (de petits clous à toiture seront utiles).

Attention: La tôle de A8 excède d'au moins 5 po afin de fermer l'ouverture qui la sépare de A9.

Porte (non illustrée)

Deux charnières serviront d'articulation et un petit bloc fixé avec une vis sur la pièce E servira de verrou. Voir *Liste de coupe* pour mesures.

Remarque spéciale pour A8:

Deux tiges filetées et des vis papillons servent à fixer la pièce à l'endroit désiré. Préparer A8 avant l'assemblage de toutes les autres pièces. La placer entre B4 et B3 au tout début de l'assemblage, il sera plus facile de le faire à ce moment qu'à la fin seulement.

Perspective sans grillage

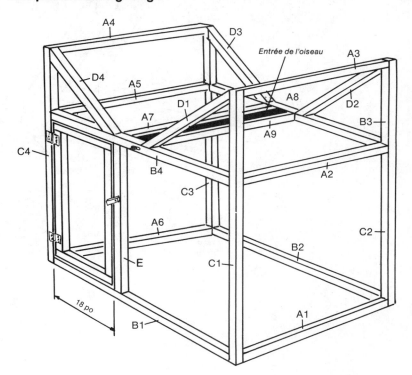

Perspective du grillage seulement

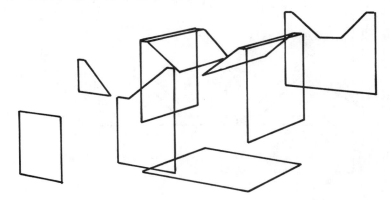

Entrée

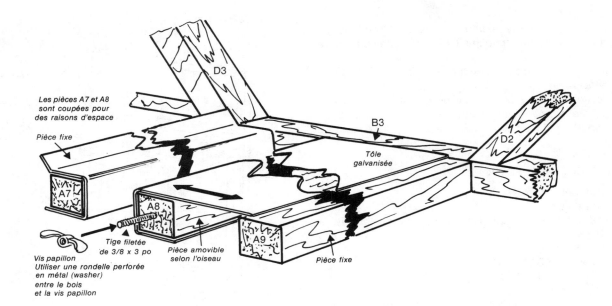

Les pièces A7 et A8
sont coupées pour
des raisons d'espace

Pièce fixe

D3

B3

D2

Tôle
galvanisée

A7

A8

Tige filetée
de 3/8 x 3 po

Pièce amovible
selon l'oiseau

A9

Pièce fixe

Vis papillon
Utiliser une rondelle perforée
en métal (washer)
entre le bois
et la vis papillon

Spécial A8

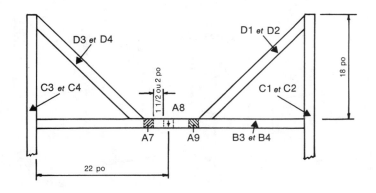

D3 et D4

D1 et D2

C3 et C4

C1 et C2

18 po

1 1/2 ou 2 po

A8

A7   A9

B3 et B4

22 po

**Pièces B3 et B4 —
Trou d'ajustement**

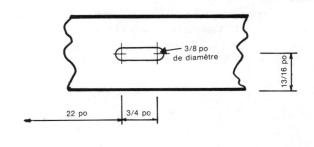

3/8 po
de diamètre

13/16 po

22 po

3/4 po

110

Chapitre sept
Divers

Les dortoirs

Plus l'hiver sera rigoureux, plus vous aurez de visiteurs régulièrement à vos mangeoires, et plus grandes seront vos chances de voir votre dortoir adopté en permanence pendant toute cette saison.

Il se peut que ça ne se produise pas la première année, mais, tôt ou tard, un petit débrouillard le découvrira.

Chez nous, ce sont les mésanges qui, les premières, l'ont inspecté. Depuis trois ans, elles y reviennent. Elles s'y introduisent à la nuit tombante pour en ressortir aux premières lueurs du jour afin d'être les premières aux mangeoires, même avant les sittelles et beaucoup plus tôt que les geais bleus.

Mais il faut voir avec quel amour nous avons érigé cette auberge de campagne. Les murs sont isolés; il ne reste pas le plus petit interstice qui y laisserait pénétrer le moindre courant d'air. L'entrée fait face au Sud, protégée des vents du Nord par un tronc d'arbre immense où nous l'avons accrochée.

Comme dans le cas de tout nichoir, il faut vérifier souvent afin de découvrir si des écureuils, des tamias, des polatouches (appelés communément écureuils volants) des souris des bois ou même des guêpes y auraient établi leur nid.

Un dortoir pour les oiseaux

À noter: Il n'y a ni ventilation ni égouttement; ceci dans le but de réchauffer l'intérieur du nichoir. L'ouverture se fait par le panneau du côté. Prévoir un crochet.

Matériaux:

Contreplaqué de 1/2 x 14 x 40 po (pièces A, B, C, D, E, F, G)
32 po de tige de bois de 3/8 po de diamètre
Petit grillage (carreaux de 3/8 x 3/8 po) d'une dimension de 4 x 10 po.
8 vis pour fixer le grillage
Clous traités

Énumération des pièces:

A. Contreplaqué de 8 x 17 po. Prévoir 3 trous à la base pour fixer la boîte à un arbre
B. Contreplaqué de 8 x 13 3/8 po (voir illustration)
C. Contreplaqué de 3 x 6 po (voir illustration)

D. Contreplaqué de 6 x 15 po. Faire quelques trous de 3/8 po pour insérer les tiges (voir illustration)
E. Contreplaqué de 6 x 12 po
F. Contreplaqué de 6 x 7 po
G. Toit, dimension de 8 x 9 po
H. Contreplaqué de 2 x 4 po
I. Tiges de 3/8 x 4 1/2 po chacune

Assemblage:

1. Fixer le grillage à la pièce A
2. Clouer la pièce H à la pièce B
3. Coller les tiges de bois dans les trous de la pièce D
4. Clouer la pièce F à la pièc A
5. Clouer les pièces C et D aux pièces A et F
6. Rajouter la pièce B sur le devant
7. Fixer le toit (pièce G)
8. Mettre la porte (pièce E) en place. Deux clous placés en haut de la pièce serviront de charnières

Perspective d'assemblage

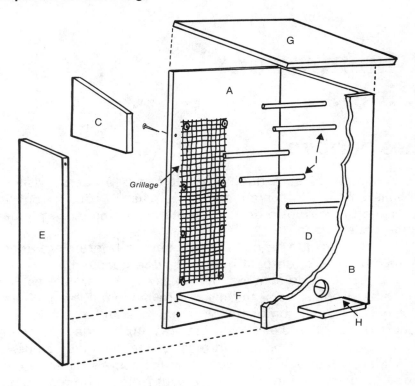

Grillage

Profil

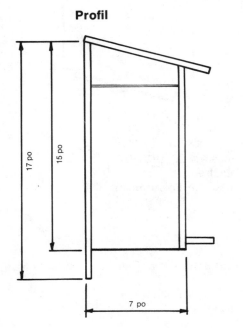

17 po
15 po
7 po

Façade

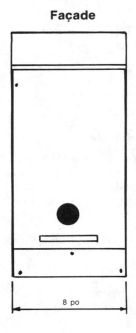

8 po

Débitage — Contreplaqué de 1/2 po

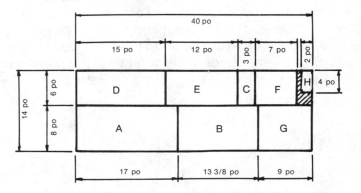

112

Pièce B

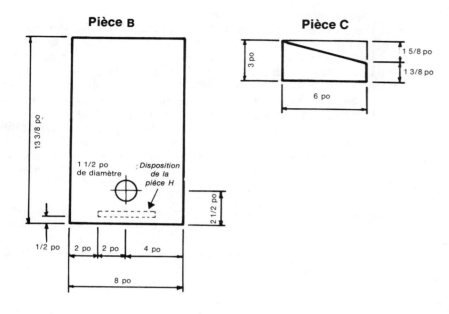

13 3/8 po

1 1/2 po de diamètre

Disposition de la pièce H

2 1/2 po

1/2 po   2 po   2 po   4 po

8 po

Pièce C

3 po

1 5/8 po

1 3/8 po

6 po

Pièce D

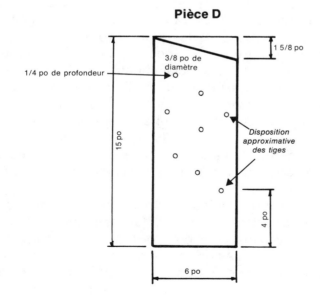

1/4 po de profondeur

3/8 po de diamètre

1 5/8 po

15 po

Disposition approximative des tiges

4 po

6 po

Les nichoirs rustiques

Promenez-vous dans un jardin zoologique, un jardin botanique, un cimetière bien entretenu, un parc récréatif, un club de golf, un centre de la nature ou une avenue plantée de grands et beaux arbres. Cherchez-y un chicot creux, une grosse branche cassée, un vieux tronc vermoulu qui fut autrefois la résidence d'un pic, enfin, un quelconque endroit où pourraient s'escrimer du bec un grimpereau, une sittelle, une mésange, un merle bleu. Tout est bien entretenu. Les cavités, on les a comblées avec du ciment ou du goudron.

Devons-nous en conclure que tous ces oiseaux, parmi les plus utiles, parce qu'ils débarrassent les écorces et même le bois de combien de larves xylophages, d'insectes perceurs, mineurs ou dévoreurs, devons-nous en conclure, dis-je, que nous avons décidé de les éliminer auprès de nos maisons?

Le nichoir rustique respecte l'environnement naturel de l'oiseau.

Faut-il chercher sa part de responsabilité dans ce pénible laisser-aller d'une écologie de salon?

Pourtant, sittelles, mésanges, merles bleus et pics pourraient à nouveau se sentir accueillis si nous leur construisions des nichoirs rustiques bien adaptés à leurs besoins.

113

Le Nichoir de E.J. Sawyer

Référons-nous à ce que préconisait un naturaliste éminent du nom de E.J. Sawyer.

Déjà, en 1955, ce monsieur publiait à compte d'auteur une petite brochure qu'il intitulait, et nous traduisons: *Les Meilleures Maisons d'oiseaux — comment les réaliser*.

Nous vous présentons ici celle que nous jugeons la plus simple et la plus jolie de toutes:

Selon la grosseur de l'oiseau qui l'habitera, on choisit la grosseur de la bûche. La cabane idéale pour un merle bleu sera fabriquée à partir d'une bûche non écorcée de 10 po de diamètre et d'environ 1 pi de longueur.

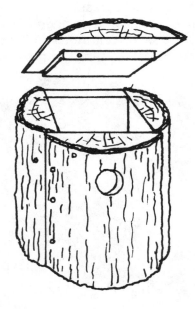

Matériaux:

Une bûche

Assemblage:

On enlève à la scie quatre tranches de deux pouces d'épaisseur de chaque côté de la bûche. Il nous reste un carré de six pouces par six pouces. On coupe de cette partie centrale deux tranches d'environ deux pouces d'épaisseur chacune.

La première tranche servira de fond. La seconde sera clouée à l'une des quatre parties coupées à la verticale. Ce sera le couvercle qui s'emboîtera dans la future cabane. Il excédera sur le devant pour protéger de la pluie.

On cloue ensemble les trois autres parties et l'on obtient une cavité de 6 po x 6 po. On y fixe le plancher puis on y emboîte le toit.

Il nous reste à trouver quelque part une vieille planche très rustique d'environ 1 1/2 pi de long et d'environ 6 po de large sur 2 po d'épaisseur. On l'insérera dans la construction pour former l'arrière de la demeure.

On y percera des trous pour fixer la maison à l'aide de clous à un mur du garage, un arbre ou un poteau, ou bien on l'attachera avec du fil de fer au premier tronc de feuillu donnant sur un espace à découvert. Si un arbuste se trouve en face pour héberger les petits durant le premier vol, cela représente un atout de plus. À 7 po du plancher, on percera au vilebrequin une ouverture de 1 1/2 po de diamètre.

On creusera près du toit des trous de la grosseur d'un crayon pour la ventilation, et des trous de même grandeur pour l'égouttement dans le plancher.

Vous voilà propriétaire de la plus rustique, de la plus jolie et de la plus durable maison que l'on puisse désirer.

Trente ans plus tard, son fils, maintenant à la retraite, Laurence Sawyer (R.T.1 Bluebird Lane Ringgold, Ga 30736, U.S.A.), un des êtres les plus dévoués à une cause que nous ayons rencontrés, s'est lancé en affaires. Il fabrique des maisons d'oiseaux conçues spécialement pour les merles bleus.

Vous croiriez qu'il aurait choisi le bois le plus mou, le plus sec, le plus facile à travailler. Eh bien, non! Il préfère le bois le plus vert, le plus dur, celui auquel l'écorce adhère le plus fermement.

À cette fin, il a conçu une espèce de petite scie ronde portative fort originale et très puissante. Il l'appelle son pic-bois artificiel.

Nous ne vous soumettons pas ce modèle pour que vous tentiez de le reproduire. Il faudrait que vous inventiez votre propre système pour creuser le bois. Cependant, ces maisons sont si belles que nous savons que plusieurs amateurs qui ont le goût du beau et du rustique voudraient peut-être en posséder un ou deux modèles.

Les prix sont ridiculement bas en argent américain, mais il faut penser aussi au transport.

Un autre type de nichoir rustique.

Notre mangeoire de huit pieds de haut.

Vous aurez certainement plaisir à correspondre avec ce monsieur qui continue l'oeuvre de conservation de son père. Vous trouverez son adresse à la fin du volume.

Une autre de ses trouvailles: sa mangeoire de huit pieds de hauteur. On peut y enfourner d'un seul coup un sac de vingt kilos de graines de tournesol presque en entier. Qui dit mieux pour attirer des gros becs errants?

Des oiseaux... à longueur d'année

Chez nous, la table est mise en tout temps pour les oiseaux, et les troncs percés comme des écumoires de gros trous remplis d'un mélange de graisse animale et de beurre d'arachide reçoivent les fréquentes visites des sittelles à poitrine blanche. Les pics mineurs et les pics chevelus y viennent aussi régulièrement. Cet hiver, un moqueur polyglotte les a adoptés à son tour.

Choisissez du bois à écorce lisse et ne percez pas de trous dans la partie du haut. Vous éliminez automatiquement moineaux et sansonnets qui sont incapables de s'agripper à l'écorce. S'ils viennent se poser au sommet du morceau de bois, ils ne parviennent pas à atteindre la nourriture, placée trop bas. Les contenants remplis de graines de tournesol sont également fort achalandés en hiver par les sittelles, et, pourvu que les mésanges leur cèdent la priorité à la mangeoire, tout est pour le mieux dans le meilleur des mondes.

Le grand calme des jours glacials retentit régulièrement des "pints" nasillards des sittelles communiquant entre elles.

Ces oiseaux, qui chevauchent les troncs verticaux la tête en bas et qui vont coincer vos graines de tournesol dans les aspérités rugueuses des écorces pour mieux les ouvrir et en extraire l'amande, ne demandent pas mieux que d'adopter votre territoire à longueur d'année. Même, ils amènent à la mangeoire leurs petits dès leur sortie du nid.

Le couple passe toute sa vie ensemble et, pour peu qu'on le nourrisse et que le site regorge de végétation, il y a de fortes chances qu'il ne vous quitte plus.

La Mangeoire rustique

Matériaux:

Bûche
Crochet

Préparation:

Utiliser une bûche de 4 po de diamètre x 18 po de hauteur. Faire plusieurs trous de 1 po de diamètre x 1 po de profondeur, poser un crochet et suspendre.

Déposer du beurre d'arachide et du gras de bacon dans les trous.

La mangeoire rapproche-oiseau

Ce procédé fort simple pourrait être expérimenté par des gens de la banlieue qui ont un terrain bien entretenu avec grande et jolie pelouse et bosquets de-ci de-là.

À la morte saison, on installe les mangeoires. Les oiseaux tardent à les découvrir. Ils fréquentent bien les bosquets de chèvrefeuille où ils ont vite grapillé les derniers fruits. Le sorbier de l'oiseleur, appelé aussi cormier, a été dévalisé par les merles du voisinage dès que les fruits leur ont semblé à point. Et les oiseaux ne viennent toujours pas à la mangeoire? Nous installerons la mangeoire sur une corde à linge et nous l'enverrons au coin le plus reculé du terrain. Quand les oiseaux l'auront trouvée, nous la rapprocherons graduellement un petit peu tous les jours, jusqu'à ce que les oiseaux viennent en toute quiétude manger à la fenêtre.

Un crécerelle, une pie grièche se montre-t-elle dans le décor? Au lieu de jeter le sapin de Noël, plantons-le dans la

Une idée originale

Voici une mangeoire-girouette qui pivote selon la direction du vent. On la place contre le vent. À l'aide de la palme, la mangeoire tourne sur le roulement à billes. Le modèle présenté s'installe sur une poutre mais il est possible de l'installer sur un tuyau. S'informer auprès de son quincaillier, il possède sûrement un roulement s'adaptant à un tuyau.

La Mangeoire-girouette

neige à proximité de la maison. Il sera toujours temps au printemps de passer à la pépinière où d'aller en forêt pour le remplacer.

Jusque-là, mésanges, sittelles, chardonnerets des pins, sizerins à tête rouge, roselins et pinsons pourprés auront un lieu où se précipiter quand fondra le prédateur. Ils viendront donc plus facilement à la mangeoire.

Si les écureuils parviennent à circuler sur la corde, à chaque extrémité de la mangeoire, on recouvre le fil d'un morceau d'environ une verge de long de boyau d'arrosage fendu sur la longueur. Vous verrez dégringoler les intrus qui ne se blesseront pas pour autant. Ils en ont vu bien d'autres. Un écureuil qui tombe du faîte d'un grand arbre rebondit comme un ballon en touchant le sol et détale à toutes jambes. Il s'est empli les poumons d'air en tombant.

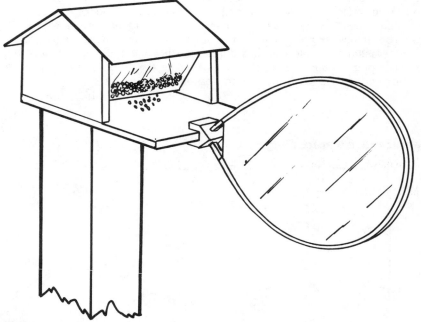

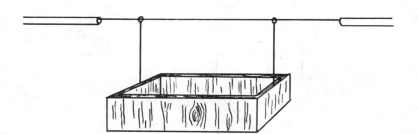

Matériaux:

Contreplaqué de 1/2 x 10 x 15 po (pièces A, B)
Masonite, acrylique ou aluminium de 8 x 8 po (pièces C, D)
2 vitres de 4 1/2 x 7 po (pièces E, F)
Bloc de pin ou autre de 1 1/2 x 1 1/2 x 1 1/2 po (pièce G)
36 po de tige de bois de 1/4 x 1/4 po (pièce H)
Roulement à billes plat (pour chaise)
Clous et vis.

Énumération des pièces:

A. 2 pièces de 5 x 6 1/2 po. C'est entre ces pièces que seront fixées les vitres
B. Dimension de 8 x 8 po
C. Matériau suggéré: acrylique ou aluminium. Dimension de 4 x 10 po. Cette pièce sera fixe
D. Même que C. Cette pièce sera amovible et fixée à C avec un ruban adhésif en guise de charnière

Assemblage:

Tracez les lignes où seront situées les vitres sur les pièces A. Clouer des petits clous de chaque côté de ces lignes. (Voir illustration pièce A.) Fixer les deux pièces A par dessus la pièce B. Insérer les vitres (pièces E et F). Visser ou clouer (selon le matériau choisi) la pièce C sur les pièces A.

La pièce D sera fixée à C par un ruban adhésif ou une charnière. Courber la tige de bois, insérer ensuite dans la pièce G. Coller sur le cerceau H du plastique flexible (sac à ordures ou autre) avec une colle caoutchouc. Fixer la pièce G sur la pièce B avec une vis légère. Pour terminer, installer le roulement à billes sur la poutre en dessous de la pièce B.

Perspective d'assemblage

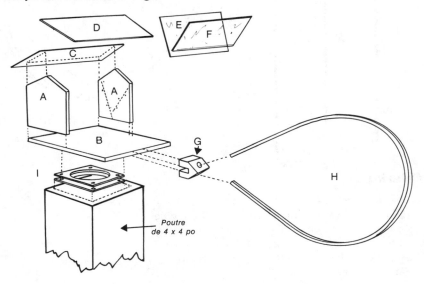

Poutre de 4 x 4 po

Pièce G:

Cette pièce servira de support à la tige de bois.

Pièce H:

Pour courber la tige de bois, prévoir d'en casser plus d'une avant de réussir. Faire tremper la ou les tiges de bois dans un bain d'eau chaude pendant plusieurs heures et, de temps à autre, essayer de lui donner forme sans trop forcer. Attention, il y a souvent des faiblesses dans le bois, ne pas s'attarder sur un bois avec noeuds. Lorsque la courbe est obtenue, insérer les extrémités dans les trous de la pièce G. Planter un très petit clou de chaque côté des trous pour coincer la pièce H. (Il est préférable d'utiliser du cornouiller (hart rouge) qui est plus facile à travailler.

Pièce A

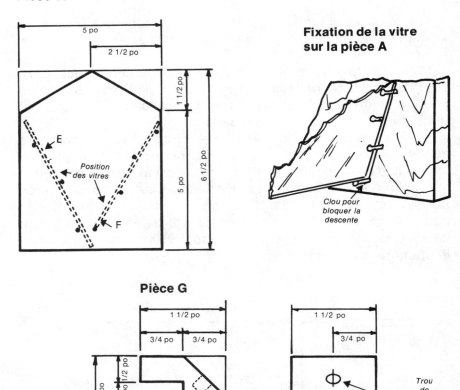

Fixation de la vitre sur la pièce A

Clou pour bloquer la descente

Pièce G

Trou de 1/4 po de diamètre

118

**Perspective
Pièce G**

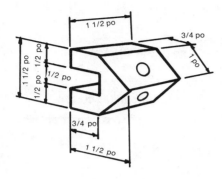

**Débitage —
Contreplaqué de 1/2 po**

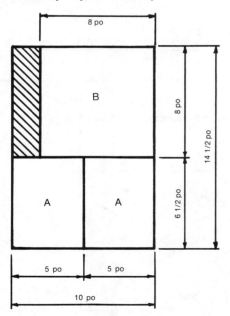

La Mangeoire anti-écureuils

Valentine Haas, un Autrichien établi à Val-David depuis de nombreuses années et qui nourrit les oiseaux depuis qu'il y

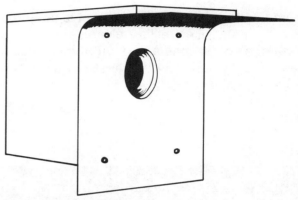

La mangeoire anti-écureuil.

habite, en avait assez de voir les écureuils mener leurs raids contre ses mangeoires et en chasser ceux à qui il les destinait.

Il a trouvé cette façon ingénieuse de leur en interdire l'accès:

Le contenant est fixé à un arbre. Tout le devant par où l'on s'introduit est recouvert d'une feuille d'aluminium rigide qui excède de tous les côtés de la longueur d'un écureuil. Le toit est recourbé vers l'avant.

C'est plaisir de voir culbuter l'animal persistant pendant que les mésanges et les sittelles s'empiffrent.

Notre secret
pour éliminer les gros-becs
errants de vos mangeoires

Vous savez à quels ogres vous avez affaire! Ils peuvent vous vider une mangeoire en moins de temps qu'il ne faut pour

119

l'écrire tout en en interdisant l'accès à tout autre visiteur, mésange, sittelle, sizerin, chardonneret ou pinson.

Le secret: du grillage que l'on utilise pour les poules, non les poulets, et dont on enveloppe la mangeoire.

Si les gros becs y passent le corps, rapetissez à la main les ouvertures.

Il n'y a aucun danger pour les yeux et la langue des oiseaux à employer ce métal. Ce treillis galvanisé, donc recouvert de zinc ou d'étain, n'adhère pas à la peau humide des humains ou des animaux. C'est pourquoi on l'utilise depuis longtemps dans les poulaillers.

Pour faire la nique aux gros-becs et geais bleus

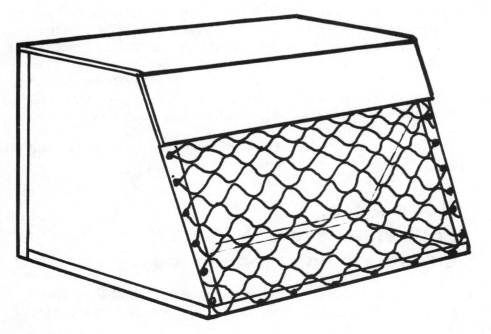

Matériaux:

Contreplaqué de 1/2 x 12 x 34 po (pièces A, B, C)
Masonite de 1/4 x 9 x 12 po (pièces D, E)
Une vitre de 6 x 11 po (pièce F)
Grillage à poule de 8 x 12 po (pièce G)
2 charnières de 1 1/2 po, à tête ronde
Clous de 1 po

Profil et coupe

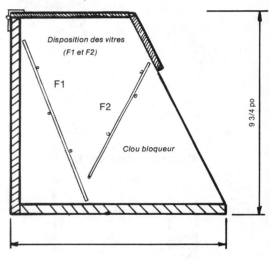

Disposition des vitres (F1 et F2)

F1

F2

Clou bloqueur

9 3/4 po

Façade

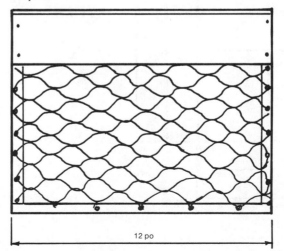

12 po

Énumération des pièces:

A. Contreplaqué de 9 1/2 x 12 po
B. Contreplaqué de 9 1/2 x 12 po
C. 2 pièces de contreplaqué de 9 x 9 1/2 po
D. Masonite de 1/4 x 5 1/2 x 12 po. Le fixer aux deux charnières
E. Masonite de 1/4 x 3 x 12 po. Le fixer avec des clous
F. Vitre de 1/8 x 6 x 11 po
G. Grillage à poule de 8 x 12 po

Assemblage:

Tracer les lignes sur les pièces C où seront fixées les vitres. Voir illustration (profil et coupe) et clouer des petits clous le long de ces lignes pour que les vitres soient coincées.

Clouer les pièces C sur la pièce B. Clouer le tout sur la pièce A. Fixer les charnières aux pièces A et D. Clouer la pièce E pour qu'elle touche la pièce D. Visser ensuite le grillage tout autour des pièces B, C et E. C'est par la pièce D qu'on pourra faire le remplissage des graines.

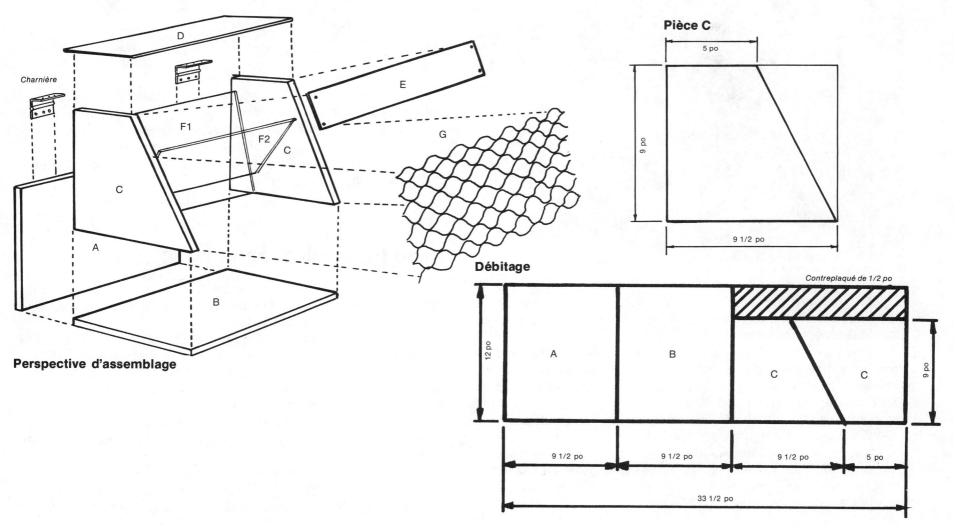

Perspective d'assemblage

Pièce C

Débitage

La table mise pour les geais bleus

Réussir à attirer des oiseaux dépend souvent d'un peu d'initiative.

Un hiver, chez nous, les geais bleus devinrent légions. Une douzaine de couples, peut-être plus.

Notre installation pour les geais bleus.

Querelleurs, batailleurs, leurs criaillements désagréables peuplaient les lieux. Ils étaient si jolis pourtant, même s'ils accaparaient toutes les mangeoires.

Nous avons réglé leur cas avec deux de ces contenants en mousse de styrène, de ceux dans lesquels on fait germer les nouveaux plants dans les pépinières. Leur prix: quelques sous. Dimensions: 18 po x 14 po. Quatre poteaux de 8 po pour les quatre coins. On enrobe le tout d'un grillage à poules.

Dans le fond, on place un vase peu profond où l'on dépose les graines de tournesol. Au contenant qui constitue le toit, on perce un trou pour le remplissage — pas plus gros que celui que peut recouvrir une assiette de grès dans laquelle on dépose les pots à fleurs.

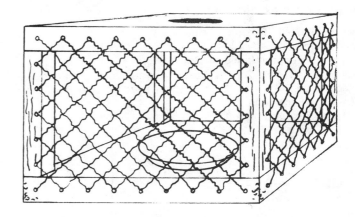

Pour les geais bleus qui tournent tout autour, incapables de rejoindre cette nourriture, on dispose des épis de maïs, de ce maïs avec lequel on nourrit les vaches. On leur laisse assez de larges feuilles pour qu'on puisse les lier ensemble en tresses.

Les autres oiseaux ont maintenant l'accès exclusif à cette mangeoire grillagée.

Une baignoire facile à fabriquer

Utilisez le couvercle de votre poubelle. Tout autour, à l'intérieur, vous taillez une bande de carton épais que vous fixez avec du papier adhésif (dessin 1).

Vous recouvrez le tout d'un sac de polythène comme ceux dans lesquels on dispose les déchets domestiques.

Avec du treillis métallique de 1/4 po, vous habillez l'intérieur comme si vous joigniez des pointes de tarte que vous liez ensemble avec du fil de laiton.

Vous avez pris soin de poser, en-dessous de cette espèce d'armature, des petits cailloux de pas plus de 1 po de diamètre (dessin 2).

Vous mélangez un ciment préparé en le gardant assez consistant et vous l'appliquez à la truelle à l'intérieur, selon l'épaisseur désirée. Vous laissez sécher lentement en le recouvrant d'un vieux morceau d'étoffe que vous gardez humide. Quand le tout est bien ferme, vous démoulez (dessin 3).

Par après, vous pouvez y amener au-dessus un tuyau de métal. Vous en rétrécirez la sortie avec un réduit et une petite chantepleure qui permettra l'égouttement de l'eau à raison` d'une goutte toutes les 3 ou 4 secondes. Vous placez la baignoire sur un tuyau d'égoût de 8 ou 10 po de diamètre à la hauteur désirée (dessin 4).

Les oiseaux aiment le bruit cristallin que produit la goutte d'eau en frappant la nappe liquide. Vous savez, les oiseaux ne sont pas sourds.

Cette baignoire peu profonde aura vite attiré tous les oiseaux du coin. Si vous la placez à l'ombre, encore mieux. Les oiseaux aiment l'eau fraîche durant les chaudes journées de l'été.

Ne placez pas ce dispositif trop près des buissons où pourraient se dissimuler les chats.

Une suggestion: vous pouvez en fabriquer trois et les disposer en escalier (dessin 5).

Non loin, en plein soleil cependant, vous pourrez placer une boîte à sable. Pas nécessaire d'avoir un parc pour enfant.

Trois ou quatre pouces de sable dans une boîte de deux pieds carrés fera l'affaire. Les oiseaux aiment autant s'ébrouer dans le sable que dans l'eau.

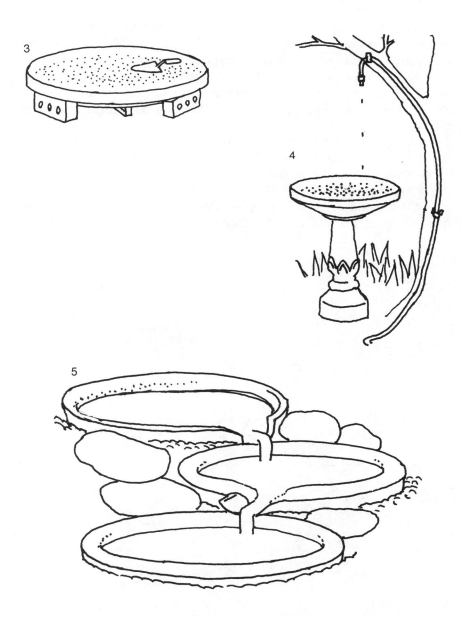

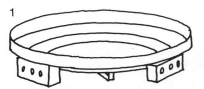

Les nichoirs en céramique

Le jour n'est pas loin, s'il n'est pas déjà venu, où les bricoleurs céramistes entreront de plain pied dans la construction de nichoirs d'oiseaux sur une grande échelle.

Nous n'aurions pu écrire ces lignes, il n'y a pas si longtemps, quand nous commencions à rédiger ce livre, trop ignorant encore à l'époque du potentiel de ce matériau: la terre glaise.

Mais le hasard, les rencontres, la chance et surtout un esprit ouvert à toutes nouvelles théories, expériences ou initiatives touchant de près ou de loin à notre passe-temps favori nous ont amené à expérimenter dans cette direction.

Un exemple: les hirondelles de falaise perdent un temps énorme, tous les ans, car le matériau dont elles ont besoin pour construire leur nid n'est pas toujours disponible à cause de la sécheresse, de la distance et souvent aussi de la demande.

Il n'est pas rare de voir, à la campagne, sur le bord du chemin, un trou de boue formé par la pluie fréquenté par des hirondelles de grange, des hirondelles de falaise et des guêpes à papier. Elles aussi ont besoin de cette boue glaiseuse pour édifier leur nid.

Puis le trou s'assèche, et les oiseaux abandonnent leur travail jusqu'à la prochaine averse. Sinon, ils prennent un retard considérable et doivent parfois couvrir de grandes distances pour s'approvisionner en matières premières.

Voilà pourquoi, l'automne dernier, nous arrivions chez notre ami céramiste Bernard Lemay avec un nid de ces oiseaux.

À cette période de l'année, le nid a servi tout l'été et il est d'une fragilité qui permet à peine d'y toucher. Nous aurions voulu qu'il y applique une couche de matière quelconque qui l'aurait solidifié. À notre grande surprise, il s'y refusa. Son explication: le moule qu'il en tirerait donnerait des reproductions qui diminueraient de volume de 10 à 15 p. 100 au séchage et à la cuisson. Il préférait fabriquer avec de la glaise, de ses propres mains le prototype. Il modèlerait ce nid un peu plus grand et le moule adopterait sa forme. Une fois le travail terminé, le produit fini serait identique à l'original.

Connaissant l'importance de la dimension de l'entrée en vue d'en défendre l'accès aux imposteurs, nous nous rangeâmes vite à ses arguments.

En 1, nous vous faisons voir une réplique du nid initial grossi de 10 à 15 p. 100. En 2, vous voyez le moule fabriqué de plâtre à mouler en deux parties que nous joindrons ensemble avec des élastiques après les avoir laissées sécher au moins une semaine.

Nous sommes près pour la troisième opération: remplir le moule de glaise liquide achetée chez un fabricant de glaise à céramique.

On laisse ensuite sécher pendant quinze ou vingt minutes, ayant bien soin de tenir le moule toujours plein car le plâtre absorbe l'humidité contenue dans la glaise. Ce temps écoulé, on enlève l'excédent de terre liquide que l'on conserve, bien entendu.

On démoule et on laisse sécher.

Puis vient la dernière opération: la cuisson dans un four à céramique à basse température. Autour de 1750°F pour une durée de quatre à dix heures, selon la grandeur du four. On a pris soin de laisser des ouvertures dans le dessus du moule qui ressemblent à ceci

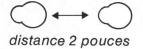

distance 2 pouces

On plante deux vis sous le porche ou le rebord d'un toit et on y fixe le nid.

On vous recommande de le tremper généreusement dans la boue avant de l'installer.

Un des grands avantages de ce nid, c'est que vous pouvez en installer des dizaines, voire des centaines. Ces oiseaux nichent parfois en grandes colonies sous les ponts ou attachent leurs nids à des édifices aux murs de stuc.

Des ornithologues sérieux affirment que les oiseaux qui adoptent ces nids pourront produire une deuxième nichée.

Pour les tourterelles

Pour les esthètes, on fabrique des galettes ayant la forme d'une petite assiette ronde trouée que l'on fixe à une ferme branche horizontale.

On modèle, on fait sécher et on fait cuire à basse température. Pas besoin de moule.

Une fois l'assiette installée, attachée, on esquisse un semblant de nid avec de fines branchettes.

Pour les nostalgiques

Les Amérindiens, aux premiers temps de la colonie, et les Africains amenés dans les États du Sud du pays voisin attiraient les hirondelles pourprées à l'aide de courges qu'ils fixaient au bout de longues cannes ou tiges. (Illustration p. 124 à gauche)

Aux États-Unis, de grandes colonies d'hirondelles pourprées nichent dans ces réceptacles.

Nous croyons que les nôtres, fabriquées en céramique, sont supérieurs parce qu'ils conduisent moins la chaleur. Les propriétés des grès et des terres glaises sont bien connues, autant en tout cas que leur *imperméabilité*. Les qualités du matériau idéal pour maisons d'oiseaux.

Nous entrevoyons le jour où toutes sortes de cabanes imitant des troncs d'arbres noueux, des dessus de piquets de clôture vétustes, des nids de pics abandonnés, finies en "raku" se marieront tellement bien au décor qu'on se demandera si elles en font vraiment partie. Il n'y a pas que les humains qui auront à s'en féliciter.

La nasse à Lucien

Ce nichoir ressemblant à une nasse nous a été donné par M. Lucien Leroux, un jeune homme de plus de quatre-vingts ans résidant à Saint-Placide.

Il se rappelle que, dans sa jeunesse, un Européen venu du Nord de l'Europe, probablement de la Hollande, lui avait enseigné à tresser de ces paniers en hart rouge ou cornouiller. Dans son pays d'origine, son professeur les fabriquait en osier et les installait dans les marécages pour y attirer les canards. Il est disponible en tout temps pour enseigner cet art qui se perd: le tressage.

Épilogue
Comment se faire un ami

Un de ces magnifiques dimanches de printemps, sur le promontoire s'élevant à la même altitude que les multiples logis de ses hirondelles pourprées qui le ceinturent, leur heureux propriétaire se prélasse.

Quatre-vingt-quatre logis l'encerclent. Tout autour, une centaine d'autres sont dispersés. Pas de moineau, pas de sansonnet en vue. Le calme règne dans la colonie.

Dans la rue, un grand bonhomme semble se passionner à regarder les oiseaux virevoltant dans les ramures ou charroyant laborieusement les plus longues branchettes alourdies par leur séjour dans l'eau, des feuilles tombées à l'automne précédent et tout imbibées de boue. Évidemment c'est le rituel de la saison des nids.

Se rappelant les nombreuses années pendant lesquelles, frustré lui aussi, il devait aller admirer chez d'autres les colonies en activité, souvent à plusieurs dizaines de milles de distance, le premier homme se décide et va engager la conversation avec l'admirateur de son oeuvre. "Mes oiseaux t'intéressent?

— Ils me sidèrent. Je ne sais ce que je donnerais pour avoir ta chance.
— Je peux peut-être t'aider? Tu as des nichoirs à pourprées?
— Oui, deux neuf logis.
— Des neuf logis?
— Ce sont des constructions de mon invention. Mon épouse les appelle nos "hirongîtes". Malheureusement, elles n'ont pas encore trouvé preneurs. (Elles sont illustrées p. 73)
— Tu t'y prends peut-être mal. Où demeures-tu?
— À deux pas d'ici, près d'Oka.
— Tu m'expliqueras où; j'irai un de ces jours voir si je pourrais déceler ce qui ne va pas, car il n'y a aucune raison pour que tu n'aies pas de ces oiseaux chez toi. Il y a deux communautés religieuses situées près d'ici et qui hébergent de ces oiseaux depuis de nombreuses années sans jamais ajouter de nouveaux sites. Tu devrais être envahi."

Et, petit à petit, celui qui était un étranger un instant auparavant se révélait un ami. Il avait lu: *Le Retour de l'oiseau bleu* et il avait rempli son territoire de six acres de multiples nichoirs. Les bicolores y abondaient et, comme cerise sur le gâteau, le personnage révélait tout de go que, si les pourprées ne l'avaient pas choisi, il hébergeait chez lui un couple de merles bleus.

En moins de deux, nous arrivions chez lui. L'ami n'avait pas menti. À notre arrivée, papa merle bleu trônait sur son nichoir.

Inutile de vous mentionner où fut passée une bonne partie de l'été.

Notre ami bricoleur est celui-là même à qui nous avons commandé notre économique pour pourprées avec contenants de lait et les plates-formes en terre cuite pour les tourterelles tristes. C'est son système d'ascenseur que vous avons adopté comme étant le plus facile à fabriquer de façon artisanale.

Un autre jour où nous lui faisions remarquer que les pourprées montraient de la réticence à adopter des gourdes que nous avions rapportées du Sénégal, parce qu'elles semblaient trop à l'étroit dans ces refuges, il s'exclama: "Je vais t'en fabriquer en céramique!"

Son système d'ascenseur, il le conçut en reconstituant avec les moyens du bord ce que la *Nature Society* de Griggsville recommande et expérimente à travers tous les États-Unis et une bonne partie du Canada.

Son interprétation du système: un tuyau un peu plus gros qui glisse le long d'un autre un peu plus petit. Pour le faire monter et descendre, un treuil comme celui dont on se sert pour tirer un bateau sur sa remorque, et voilà! En haut du poteau, on fixe une poulie plus petite que celle dont on se sert pour les cordes à linge.

Les hirondelles pourprées n'ont pas encore adopté ses nichoirs. Il devra peut-être se convertir à l'aluminium. C'est d'ailleurs ce métal et les condominiums légers qui en sont fabriqués qui ont attiré notre colonie.

Mais les merles bleus ont niché une deuxième fois chez lui cet été et cet automne, ils sont venus revivre plusieurs fois chez lui, ce que David Thoreau décrivait si bien dans son journal il y a maintenant plus d'un siècle.

"Aujourd'hui, les merles bleus sont revenus visiter les lieux qui les ont vus naître. Ils ont répété leur manège du printemps, mais en famille cette fois, comme s'ils voulaient revivre les beaux jours..."

Les oiseaux nous ont fait découvrir un être foncièrement bon, généreux, amical, bon vivant. Combien nous en reste-t-il à découvrir comme lui grâce à ces merveilleuses créatures du bon Dieu?

Les oiseaux ne nous apporteraient-ils qu'un peu de chaleur humaine que ce serait déjà merveilleux!

DES ORGANISMES À CONNAÎTRE

Club d'ornithologie de la Société de biologie de Montréal
C.P. 39, Succursale Outremont
Outremont, QC
H2V 4M6
Tél.: 722-3255

Club d'observateurs d'oiseaux Marie-Victorin
7000, rue Marie-Victorin
Montréal, QC
H1G 2J6
Personne ressource: M. Benoît Nadeau, 325-1080

The Province of Quebec Society for the protection of Birds
P.O. Box 43
Station B
Montréal, QC
H3B 3J5

Club d'ornithologie Sorel-Tracy
30, rue des Sables
Sorel, QC
J3P 5E6

Société d'ornithologie de Lanaudière
435, 1re Avenue
Pied-de-la-montagne
Sainte-Marcelline, QC
J0K 2Y0

Club d'ornithologie de la région de Drummondville
Cégep de Drummondville
960, rue Saint-George
Drummondville, QC
J2C 6A2

Société de loisir ornithologique de l'Estrie
Département de biologie
Université de Sherbrooke
Sherbrooke, QC
J1K 2R1

Club des ornithologues du Québec
1990, boul. Charest Ouest
Sainte-Foy, QC
G1N 4K8

Club des ornithologues de l'Outaouais
C.P. 419, Succursale A
Hull, QC
J8Y 6P2

Club des ornithologues amateurs du Saguenay-Lac-Saint-Jean
2215, boul. Mellon
Jonquières, QC
G7S 3G4

Club des ornithologues de la Gaspésie
C.P. 245
Percé, QC
G0C 2L0

Société du loisir ornithologique de l'Abitibi
20, rue Reilly
Rouyn, QC
J9X 3N9

Club des ornithologues du Bas-Saint-Laurent
C.P. 118
Pointe-au-Père, QC
G0C 1G0

Club ornithologique de la Mauricie
C.P. 21
Grand-mère, QC
G9T 5K7

ADRESSES

Fabricant de nichoirs

Laurence Sawyer
Bluebird Housing
Ringgold, Ga.
30736 U.S.A.

Tout pour les oiseaux

Centre de Conservation de la Faune
Ailée de Montréal
Case postale 14, Succ. Anjou
Montréal, Québec
H1K 4G5

Revue trimestrielle pour le merle bleu

Sialia
Box 62955
Silver Springs, Maryland
20906 U.S.A.

Fabricant de nichoirs pour merles bleus

Dick Peterson
5635, Aldirch No.
Mpls., Minnesota
55430 U.S.A.

Nichoirs et trappes

Ahlgren Construction Company
14017, Whiterock Road
Burnsville, Minnesota
55337 U.S.A.

Journal Mensuel pour les pourprées

Nature Society News
Purple Martin Junction
Griggsville, Ill.
62340 U.S.A.

Pièges pour moineaux et sansonnets

Havahart Elevator (Type Sparrow Trap)
Russell Cumberland
P.O. Box 4081
Owatonna, Mn.
55060 U.S.A.

Société des Amis du Merle Bleu de l'Est de l'Amérique

C.P. 39
Saint-Placide, Québec
J0V 2B0

Céramiste

Bernard Lemay
Oka, Québec

Cabanes rustiques

Lucien Leroux
St-Placide, Québec
J0V 2B0

Lectures conseillées

En français:

CAYOUETTE, Raymond et Jean-Luc GRONDIN. *Les Oiseaux du Québec*. Deuxième édition revue et corrigée, Orsainville, la Société-zoologique de Québec, 1977.

DION, André. *Le Retour de l'oiseau bleu*. Saint-Placide. Auto-Correct-Art, 1981.

GODFREY, W. Earl. *Encyclopédie des oiseaux du Québec*. Montréal, les Éditions de l'Homme, 1972.

En anglais:

PETERSON, Roger Tory. *A Field Guide to the Birds*. Boston, Houghton Mifflin, 1934.

POUGH, Richard H. *Audubon Water Bird Guide* et *Audubon Land Bird Guide*. New York, Doubleday & Co., 1946-1951.

Table des matières

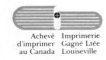

Achevé   Imprimerie
d'imprimer Gagné Ltée
au Canada Louiseville